五年制高职专用教材

财务会计类专业精品课程规划教材

审计基础与实务职业能力训练

● 蔡晓芳 严 艳 主编

U0374670

苏州大学出版社
Soochow University Press

图书在版编目(CIP)数据

审计基础与实务职业能力训练 / 蔡晓方, 严艳主编
. — 苏州：苏州大学出版社，2023.1（2025.7重印）
ISBN 978-7-5672-4242-5

Ⅰ.①审… Ⅱ.①蔡… ②严… Ⅲ.①审计学-高等职业教育-教材 Ⅳ.①F239.0

中国国家版本馆 CIP 数据核字（2023）第 001241 号

审计基础与实务职业能力训练
SHENJI JICHU YU SHIWU ZHIYE NENGLI XUNLIAN
蔡晓方 严 艳 主编
责任编辑 薛华强

苏州大学出版社出版发行
（地址：苏州市十梓街1号 邮编：215006）
镇江文苑制版印刷有限责任公司印装
（地址：镇江市黄山南路18号润州花园6-1号 邮编：212000）

开本 787 mm×1 092 mm 1/16 印张 7 字数 166 千
2023 年 1 月第 1 版 2025 年 7 月第 4 次印刷
ISBN 978-7-5672-4242-5 定价：29.00 元

图书若有印装错误，本社负责调换
苏州大学出版社营销部 电话：0512-67481020
苏州大学出版社网址 http://www.sudapress.com
苏州大学出版社邮箱 sdcbs@suda.edu.cn

出版说明

五年制高等职业教育(简称"五年制高职")是指以初中毕业生为招生对象,融中高职于一体,实施五年贯通培养的专科层次职业教育,是现代职业教育体系的重要组成部分。

江苏是最早探索五年制高职教育的省份之一,江苏联合职业技术学院作为江苏五年制高职教育的办学主体,经过20年的探索与实践,在培养大批高素质技术技能人才的同时,在五年制高职教学标准体系建设及教材开发等方面积累了丰富的经验。"十三五"期间,江苏联合职业技术学院组织开发了600多种五年制高职专用教材,覆盖了16个专业大类,其中178种被认定为"十三五"国家规划教材,学院教材工作得到国家教材委员会办公室认可并以"江苏联合职业技术学院探索创新五年制高等职业教育教材建设"为题编发了《教材建设信息通报》(2021年第13期)。

"十四五"期间,江苏联合职业技术学院将依据"十四五"教材建设规划进一步提升教材建设与管理的专业化、规范化和科学化水平。一方面将与全国五年制高职发展联盟成员单位共建共享教学资源,另一方面将与高等教育出版社、江苏凤凰职业教育图书有限公司等多家出版单位联合共建五年制高职教育教材研发基地,共同开发五年制高职专用教材。

本套"五年制高职专用教材"以习近平新时代中国特色社会主义思想为指导,落实立德树人的根本任务,坚持正确的政治方向和价值导向,弘扬社会主义核心价值观。教材依据教育部《职业院校教材管理办法》和江苏省教育厅《江苏省职业院校教材管理实施细则》等要求,注重系统性、科学性和先进性,突出实践性和适用性,体现职业教育类型特色。教材遵循长学制贯通培养的教育教学规律,坚持一体化设计,契合学生知识获得、技能习得的累积效应,结构严谨,内容科学,适合五年制高职学生使用。教材遵循五年制高职学生生理成长、心理成长、思想成长跨度大的特征,体例编排得当,针对性强,是为五年制高职教育量身打造的"五年制高职专用教材"。

江苏联合职业技术学院
教材建设与管理工作领导小组
2022年9月

序言

2021年3月,教育部公布的《职业教育专业目录(2021年)》对职业教育专业体系进行了系统升级和数字化改造,会计专业改为大数据与会计专业,也由此拉开新一轮会计职业教育改革的大幕。2022年,教育部公布的《职业教育专业简介(2022年修订)》对会计职业教育的课程体系和教学内容又做了较大的调整。针对这一系列变化,江苏联合职业技术学院会计专业建设指导委员会(简称"专指委")组成了课程改革专题工作项目组,承担五年制高职教育会计专业建设和课程改革的实践与研究工作,重点探索在国家中职和高职专业教学标准的基础上,结合五年一贯制贯通培养的特点,探索和实践五年制高职会计专业的教育规律和教学特色,推动专业建设和教学改革,提升教育教学质量。

专指委在总结、借鉴国内外各类职业教育课程模式的基础上,依据高职教育培养质量要求和会计工作岗位个性特征,综合高职大数据与会计专业群课程体系构建的基本要素,经过不断探索、论证、反思、实践,构建并实践了大数据与会计专业群"岗课赛证"融通的课程体系;将会计职业岗位知识、会计技能大赛赛项应用知识、"1+X"证书所需实践知识等有效融入课程体系;深化产教融合、校企合作,从实践层面上构建以"岗"促教的实践教学机制、以"课"促改的"三教"改革机制、以"赛"促学的学习激励机制和以"证"促训的人才评价机制。该课程体系主要指向系统培养学生的职业技能,突出专业技能训练与会计工作的实际相协调,实现专业能力培养与职业岗位需求的一致性。

为确保五年制高职财务会计类专业新课程体系的实施,"十二五""十三五"期间,学院财务会计专业协作委员会课程改革工作专题工作项目组以贯彻实施五年制高职会计类专业人才培养方案和课程标准为目标,以精品课程建设为核心,开发建设了一批体现五年制高等职业教育特色、体现课改精神和成果,有特色、新颖的会计专业精品教材,有效推进了江苏五年制高职会计类专业课程建设和教育教学质量的提升。

2022年,学院印发《江苏联合职业技术学院教材建设与管理实施办法》,该办法规定了学院教材的规划、编写、审核、选用、征订与使用、评价与监督的具体要求。学院会计专业建设指导委员会根据学院要求,制定了"十四五"教材建设规划。本系列教材符合党和国家的教育方针与政策,符合五年制高职学生认知水平、成长规律和培养目标要求,具有特色鲜明的创新性、精品性、系统性,体现五年制高职会计类专业课程改革最新成果。教材内容、文本格式新颖,文字简练,层次分明,结构合理,特色鲜明。

本系列教材主要适用于五年制高等职业教育会计类专业,也适用于三年制高等职业教育、中等职业教育的财经类专业,还可以作为会计从业人员的学习、培训用书。

江苏联合职业技术学院会计专业建设指导委员会
2022年11月

前言

为配合五年制高等职业教育会计类专业"审计基础与实务"课程的教学,使学生更好地掌握审计基础与实务的基本理论、基本方法与基本技能,我们编写了与《审计基础与实务》教材配套的职业能力训练。

本教材以《审计基础与实务》院本精品教材为基础,以审计业务为主线,以案例分析为载体,以提高分析问题与解决问题的能力为目标,按《审计基础与实务》教材的体例和结构编写而成。

本教材体例较为新颖,训练项目安排适当,内容精练,突出了重点、难点与学习目标,尤其突出了审计操作的训练和基本技能的培养,凸显了高等职业教育高素质、高技能培养目标的宗旨,使学生通过多角度、多形式的训练能基本具有审计人员所要求的知识、技能与方法,从而更好、更快地胜任审计工作岗位。

本教材由蔡晓方、严艳担任主编,共分八个项目,编写人员(具体分工)如下:蔡晓方(项目一 审计认知、项目五 资产审计)、王子润(项目二 审计的对象与目标,项目三 审计依据、审计证据与审计工作底稿)、李辉(项目四 审计方法与技术)、丁怡文(项目六 负债审计与所有者权益审计)、严艳(项目七 收入审计与成本费用审计、项目八 审计差异处理与撰写审计报告)。

本教材可供五年制高等职业教育大数据与会计专业群学生使用,也可供中等职业教育会计类专业学生、职业岗位培训人员、自学进修人员及业务学习者使用。在编写过程中,我们借鉴和参考了大量的审计资料和相关的教材、习题集,在此对相关编著者一并表示感谢。由于水平有限,书中错误、疏漏在所难免,恳请专家、读者批评指正。

编者

CONTENTS 目录

项目一　审计认知　　　　　　　　　001

  任务一　审计职业认知　　　　001
  任务二　审计的分类　　　　　007
  任务三　审计组织　　　　　　011

项目二　审计的对象与目标　　　　　017

  任务一　审计的对象　　　　　017
  任务二　审计的目标　　　　　021

项目三　审计依据、审计证据与审计工作底稿
　　　　　　　　　　　　　　　　　025

  任务一　审计依据　　　　　　025
  任务二　审计证据　　　　　　028
  任务三　审计工作底稿　　　　034

项目四　审计方法与技术　　　　　　039

  任务一　审计方法　　　　　　039
  任务二　审计技术　　　　　　042

项目五　资产审计　　　　　　　　　　　　　　　　　　048

　　任务一　流动资产审计　　　　　　　　　　　　048
　　任务二　非流动资产审计　　　　　　　　　　　059

项目六　负债审计与所有者权益审计　　　　　　　　　065

　　任务一　流动负债审计　　　　　　　　　　　065
　　任务二　非流动负债审计　　　　　　　　　　075
　　任务三　所有者权益审计　　　　　　　　　　079

项目七　收入审计与成本费用审计　　　　　　　　　　083

　　任务一　营业收入审计　　　　　　　　　　　083
　　任务二　成本费用审计　　　　　　　　　　　088

项目八　审计差异处理与撰写审计报告　　　　　　　　093

　　任务一　审计差异处理　　　　　　　　　　　093
　　任务二　撰写审计报告　　　　　　　　　　　096

项目一

审计认知

任务一　审计职业认知

一、单项选择能力训练

1. 审计的本质特征是（　　）。
   A. 独立性　　　　　　　　　B. 权威性
   C. 公正性　　　　　　　　　D. 公平性
2. 审计工作本质上是一种（　　）。
   A. 经济监督活动　　　　　　B. 经济决策活动
   C. 经济核算活动　　　　　　D. 经济控制活动
3. 下列关于审计关系的论述，正确的是（　　）。
   A. 审计对象是审计第一关系人
   B. 审计主体的经济利益与审计委托人一致
   C. 审计委托人与审计对象之间存在委托代理关系
   D. 审计对象只需要接受审计主体的监督
4. 我国古代政府审计最早出现在（　　）。
   A. 西周时期　　　　　　　　B. 秦汉时期
   C. 隋唐时期　　　　　　　　D. 明清时期
5. 我国古代政府审计产生的标志是（　　）。
   A. "宰夫"一职的出现　　　　B. 御史大夫制度的形成
   C. 比部的设置　　　　　　　D. 审计院的命名
6. 唐代的审计机构是（　　）。
   A. 宰夫　　　　　　　　　　B. 户部
   C. 比部　　　　　　　　　　D. 御史台
7. 以"审计"一词命名的审计机构出现在（　　）。
   A. 汉朝　　　　　　　　　　B. 唐朝
   C. 宋朝　　　　　　　　　　D. 清朝

8. 下列关于我国政府审计历史的论述,正确的是( )。
   A. 出现在西周时期的上计制度是我国审计立法的开端
   B. 明清时期是我国古代政府审计发展的巅峰时期
   C. 中国共产党领导下的革命根据地政权也建立了审计制度
   D. 中华人民共和国成立之初就建立了独立的审计机构

9. 国家审计署成立于( )。
   A. 1921 年 B. 1949 年
   C. 1978 年 D. 1983 年

10. ( )是指审计的执行者。
    A. 审计主体 B. 审计对象
    C. 审计委托人 D. 被审计单位

11. 审计是由( )专门机构或人员,接受委托或根据授权,对被审计单位进行的审查、监督活动。
    A. 政府的 B. 国家的
    C. 特殊的 D. 独立的

12. 我国的最高审计机关( ),组织领导全国的政府审计工作。
    A. 国家审计署 B. 财政部审计局
    C. 国家审计局 D. 国家审计监察局

13. 审计组织的( )是审计监督正常发挥作用的重要保证。
    A. 权威性 B. 独立性
    C. 客观性 D. 合法性

14. 在审计工作中,揭示审计对象的差错和弊端,属于审计的( )。
    A. 制约作用 B. 促进作用
    C. 建设作用 D. 宏观控制作用

15. 审计第三方关系人是( )。
    A. 审计主体 B. 审计委托人
    C. 审计对象 D. 审计行业协会

16. 政府审计机关揭示行政部门的违法乱纪行为,体现了审计工作的( )。
    A. 经济监督职能 B. 经济鉴证职能
    C. 经济评价职能 D. 经济管理职能

17. 审计的特征中不包括( )。
    A. 独立性 B. 权威性
    C. 公正性 D. 经济性

18. 下列关于审计产生与发展的论述,不正确的是( )。
    A. 财产所有权与经营权分离是审计产生的历史背景
    B. 政府审计的产生早于注册会计师审计
    C. 提高劳动效率和经济效果是审计发展的动力
    D. 内部审计的产生早于政府审计

19. 注册会计师审计起源于(　　)。
    A. 16世纪的英国　　　　　　　　B. 16世纪的美国
    C. 16世纪的意大利　　　　　　　D. 17世纪的美国
20. 在现代审计实务中,最能体现经济评价职能的是(　　)。
    A. 财政审计　　　　　　　　　　B. 财务审计
    C. 财经法纪审计　　　　　　　　D. 效益审计

二、多项选择能力训练

1. 审计的基本特征包括(　　)。
    A. 独立性　　　　　　　　　　　B. 权威性
    C. 公正性　　　　　　　　　　　D. 技术性
2. 审计与会计的区别在于(　　)。
    A. 性质不同　　　　　　　　　　B. 产生的前提不同
    C. 对象不同　　　　　　　　　　D. 方法程序不同
    E. 职能不同
3. 审计的职能包括(　　)。
    A. 经济监督职能　　　　　　　　B. 经济控制职能
    C. 经济鉴证职能　　　　　　　　D. 经济评价职能
4. 审计的制约作用体现在(　　)。
    A. 发现审计对象的违法违规行为　　B. 揭露经济活动中的错误之处
    C. 纠正经济生活中的不正之风　　　D. 打击各种经济犯罪活动
    E. 审查领导干部的经济责任
5. 审计的促进作用体现在促进(　　)。
    A. 经济管理水平的提升　　　　　B. 经济利益关系的协调
    C. 社会经济秩序的规范　　　　　D. 经济发展总量的增长
    E. 内部控制制度的建设
6. 我国审计历史源远流长,从国家审计发展过程来看,大体经历了(　　)三个阶段。
    A. 社会审计　　　　　　　　　　B. 古代审计
    C. 近代审计　　　　　　　　　　D. 现代审计
7. 因为企业的(　　)有了一定程度的分离,而需要委托第三者审查。
    A. 财产经营权　　　　　　　　　B. 财产所有权
    C. 独立权　　　　　　　　　　　D. 效益性
8. (　　)时期是我国审计与会计由合一到渐次分离的阶段。
    A. 秦　　　　　　　　　　　　　B. 汉
    C. 西周　　　　　　　　　　　　D. 三国
9. 下列关于注册会计师审计发展的论述,正确的是(　　)。
    A. 16世纪意大利航海贸易的发展促使了注册会计师审计的萌芽
    B. 1720年的英国南海公司破产促使了注册会计师的诞生

C. 美国发达的资本市场促使注册会计师审计的发展和完善

D. 美国《1933年证券法》的颁布促使注册会计师行业的诞生

10. 我国审计监督体系的组成内容包括（　　）。

    A. 专项审计　　　　　　　　　　B. 国家审计

    C. 内部审计　　　　　　　　　　D. 独立审计

11. 审计的作用通常包括（　　）。

    A. 监督　　　　　　　　　　　　B. 评价

    C. 制约性　　　　　　　　　　　D. 促进性

12. 审计主体包括（　　）。

    A. 国家审计机关　　　　　　　　B. 内部审计机构

    C. 公司经理　　　　　　　　　　D. 注册会计师

13. 审计的三方关系人是指（　　）。

    A. 审计人　　　　　　　　　　　B. 审计委托人

    C. 审计管理人　　　　　　　　　D. 被审计人

14. 审计按主体不同,可分为（　　）。

    A. 国家审计　　　　　　　　　　B. 公证性审计

    C. 独立审计　　　　　　　　　　D. 内部审计

15. 审计内容包括（　　）。

    A. 被审计单位已经发生的经济活动

    B. 其他被审计单位正在发生的经济活动

    C. 被审计单位正在发生的经济活动

    D. 被审计单位的人才引进

16. 下列属于被审计单位的有（　　）。

    A. 财政部　　　　　　　　　　　B. 东部战区

    C. 私营企业　　　　　　　　　　D. 外商投资企业

17. 审计对象的三层含义是（　　）。

    A. 被审计单位

    B. 被审计单位的经济活动

    C. 被审计单位的会计资料及其相关资料

    D. 被审计单位的财务报表

18. 下列可以作为审计委托人的是（　　）。

    A. 投资人　　　　　　　　　　　B. 公众

    C. 银行　　　　　　　　　　　　D. 会计师事务所

三、判断能力训练

1. 西周是我国审计制度初步形成阶段,民间审计与国家审计都在那时产生。（　　）

2. 纵观中外审计发展史,审计最早出现于民间,称为民间审计。（　　）

3. 1980年,我国成立了政府审计的最高机关——审计署,在县级以上各级人民政府设置各级审计机构。（ ）
4. 审计的独立性是保证审计工作顺利进行的必要条件。（ ）
5. 会计活动是审计监督的主要对象。（ ）
6. 我国的国家审计机关无权做出处理处罚决定。（ ）
7. 上计制度形成于汉代。（ ）
8. 目前我国各级人民政府都设置了审计机关。（ ）
9. 社会审计产生于股份制企业出现之后。（ ）
10. 经济评价是审计的基本职能。（ ）
11. 审计经济鉴证职能是指审计机构和审计人员对被审计单位会计报表及其他经济资料进行检查和验证,确定其财务状况和经营成果是否真实、公允、合法、合规,并出具书面证明的活动。（ ）
12. 审计经济监督职能主要指通过审计,检查和督促被审计单位的经济活动在规定的范围内、正常的轨迹上进行。（ ）

四、简答题

1. 简述审计的基本职能和作用。

2. 简述审计与会计之间的区别。

3. 简述审计关系的内涵。

4. 简述我国古代国家审计的主要发展阶段及其特色。

五、论述题

1. 党的十八届四中全会审议通过了《中共中央关于全面推进依法治国若干重大问题的决定》，提出要强化对行政权力的制约和监督，"加强党内监督、人大监督、民主监督、行政监督、司法监督、审计监督、社会监督、舆论监督制度建设，努力形成科学有效的权力运行制约和监督体系，增强监督合力和实效"。请论述审计监督与其他监督之间的区别和联系。

2. 我国经济进入疫情新常态后,国家出台了大量重大经济政策与建设项目。以此为政策背景探讨政府审计应发挥的作用及目标实现路径。

任务二 审计的分类

一、单项选择能力训练

1. 我国国务院审计署及派出机构和地方各级人民政府审计厅(局)所组织和实施的审计,均属于( )。
  A. 社会审计   B. 高级会计师审计
  C. 国家审计   D. 内部审计

2. 下列对审计机关审计原则的理解,正确的是( )。
  A. 审计业务经费向被审计单位收取
  B. 审计机关可以对私营企业开展财务报表审计
  C. 审计机关的工作内容必须征得本级人民政府的同意
  D. 审计机关可以按照相关法律对被审计单位开展强制审计

3. 下列对内部审计的理解,不正确的是( )。
  A. 县级以上金融机构应当设立独立的内部审计机构
  B. 中央企业应当建立健全内部审计工作规章制度
  C. 所有单位或部门都必须建立内部审计制度并接受国家审计的指导
  D. 在设立审计委员会的国有企业中,内部审计机构应当接受审计委员会的指导

4. 下列关于会计师事务所的说法,正确的是( )。
  A. 目前由财政部批准设立会计师事务所
  B. 我国最早的会计师事务所出现在清朝末年
  C. 注册会计师只有加入会计师事务所才能承接业务
  D. 合伙设立的会计师事务所的合伙人对会计师事务所的债务承担有限责任

5. 下列关于我国国家审计机关设置的说法,正确的是( )。
  A. 国家审计署成立于1949年
  B. 各级人民政府都应当设立审计机关

C. 国家审计署设立派出机构应当经全国人大批准
D. 地方审计机关接受上一级审计机关与本级人民政府的双重领导

6. 对被审计单位具有处罚权的是(　　)。
   A. 部门审计　　　　　　　　　B. 社会审计
   C. 政府审计　　　　　　　　　D. 内部审计

7. 财务报表审计的目标是注册会计师通过执行审计工作对(　　)发表审计意见。
   A. 会计资料及其他有关资料的真实性、合法性
   B. 经济活动
   C. 财务报表的合法性、公允性
   D. 财务状况、经营成果及现金流量

8. 我国社会审计的审计主体是(　　)。
   A. 国家审计机关　　　　　　　B. 内部审计部门
   C. 会计师事务所　　　　　　　D. 注册会计师协会

9. 审计的对象,可以高度概括为被审计单位的(　　)。
   A. 经济活动　　　　　　　　　B. 财政、财务收支及其他经营管理活动
   C. 财务收支　　　　　　　　　D. 会计资料及其他经济资料

10. 下列不属于被审计单位的是(　　)。
    A. 平安保险公司　　　　　　　B. 中国建设银行
    C. 外国使馆　　　　　　　　　D. 学校

二、多项选择能力训练

1. 社会审计又称(　　)。
   A. 民间审计　　　　　　　　　B. 会计师事务所审计
   C. 注册会计师审计　　　　　　D. 独立审计

2. 下列关于审计分类的阐述中,正确的有(　　)
   A. 按执行审计地点分类,分为就地审计和报送审计
   B. 按实施审计的内容分类,分为全部审计和局部审计
   C. 按审计主体分类,分为国家审计、社会审计和内部审计
   D. 按实施审计周期分类,分为事前审计、事中审计和事后审计

3. 国家审计审计结果的提交对象是(　　)。
   A. 本级人民政府首长　　　　　B. 本单位主要负责人
   C. 上一级审计机关　　　　　　D. 委托人

4. 内部审计结果的提交对象是(　　)。
   A. 权力机构(董事会)　　　　　B. 本单位主要负责人
   C. 上一级审计机关　　　　　　D. 委托人

5. 按审计执行主体与被审计单位的隶属关系,审计可分为(　　)。
   A. 国家审计　　　　　　　　　B. 内部审计
   C. 社会审计　　　　　　　　　D. 外部审计

6. 下列项目能作为审计内容的是( )。
   A. 财政预算的执行情况及决算结果
   B. 财务收支计划的执行情况及其结果
   C. 信贷计划的执行情况及其结果
   D. 企业营销策划书
7. 按实施时间不同,审计可分为( )。
   A. 提出审计   B. 事前审计
   C. 事中审计   D. 事后审计
8. 注册会计师审计属于( )。
   A. 无偿审计   B. 事后审计
   C. 强制审计   D. 委托审计
9. 按审计内容、目的不同,审计可分为( )。
   A. 行政部门审计   B. 经济效益审计
   C. 财经法纪审计   D. 财政、财务审计

三、判断能力训练

1. 审计按主体不同可分为财政、财务审计,经济效益审计,经济责任审计,专项审计调查和鉴证业务。( )
2. 社会审计进行审计时不需要收取费用。( )
3. 内部审计对象是委托人指定的被审计单位的财务收支及其有关经济活动。( )
4. 送达审计适用于国家审计机关。( )
5. 审计的分类就是按照审计主体和审计内容所做的类别划分。( )

四、简答题

1. 政府审计机关财政收支审计范围主要包括哪些?请以江苏省审计厅为例说明。

2. 政府审计机关财政收支审计范围主要包括哪些?请以徐州市审计局为例说明。

五、论述题

谈一谈政府审计与注册会计师审计的不同之处。

六、情景实训

资料：金大地公司是由中方金福公司和美方迪刻公司共同投资兴建的合资企业，审计部门组织审计人员对该企业进行审计时，了解到金大地公司无外方人员参与管理，生产经营中重大事项的决定也无须外方人员参加董事会，这与法规相违背。

审计人员凭借工作经验，怀疑存在假合资的可能。审计人员以此为线索，审阅金大地公司"利润分配"明细账，发现应付外方的利润并没有转给迪刻公司，而是全部转给了合资的金福公司。根据以上情况，审计人员对金福公司进行追踪审计，发现金大地公司与金福公司存在购销关系，金福公司的应收账款中存在一笔与迪刻公司投资额相同的应收账款，已挂账三年，并且金大地公司分配给迪刻公司的利润全部在"其他应付款"账中，并未实际分配出去。经向迪刻公司函询，证实并无合资一事。原来金福公司为了享受中外合资企业的一系列优惠政策待遇，要求迪刻公司将货款以投资款的名义汇入，骗取了会计师事务所的验资证明，成立了由假迪刻公司共同投资的合资企业金大地公司。至此，审计人员揭开了该企业假合资的面纱。

要求：判断以上案例属于哪种审计形式和种类。

任务三　审计组织

一、单项选择能力训练

1. 我国审计机关的设置模式属于(　　)。
   A. 立法型　　　　　　　　　B. 司法型
   C. 行政型　　　　　　　　　D. 独立型
2. 美国审计机关的设置模式属于(　　)。
   A. 立法型　　　　　　　　　B. 司法型
   C. 行政型　　　　　　　　　D. 独立型
3. 意大利审计机关的设置模式属于(　　)。
   A. 立法型　　　　　　　　　B. 司法型
   C. 行政型　　　　　　　　　D. 独立型
4. 下列国家的政府审计体制属于行政型的是(　　)。
   A. 英国　　　　　　　　　　B. 泰国
   C. 意大利　　　　　　　　　D. 加拿大
5. 下列行为体现了审计机关监督检查权的是(　　)。
   A. 要求被审计单位报送相关资料
   B. 要求工商部门提供被审计单位工商登记信息
   C. 将审计发现的问题依法通过网络渠道向社会公开
   D. 针对审计发现的问题向被审计单位提出改进意见
6. 会计师事务所对无法胜任或不能按时完成的审计业务,应该(　　)。
   A. 减少审计收费
   B. 转包给其他会计师事务所
   C. 拒绝接受委托
   D. 聘请其他专业人员以获得帮助
7. 下列会计师事务所的业务中,属于鉴证业务的是(　　)。
   A. 报表审计业务　　　　　　B. 管理咨询业务
   C. 会计服务业务　　　　　　D. 税务服务业务
8. 下列关于我国审计机关职责的说法,正确的是(　　)。
   A. 国家审计署可以制定审计相关的法律
   B. 注册会计师审计准则由国家审计署制定
   C. 各级审计机关依法审计本级人民政府财政预算执行情况
   D. 各级审计机关可以依法制定下一级审计机关的审计项目计划
9. 根据《注册会计师法》规定,会计师事务所可以由(　　)合伙设立。
   A. 注册会计师　　　　　　　B. 高级会计师

C. 高级审计师　　　　　　　　D. 精算师

10. 内部审计(　　)是完成内部审计职责的有力保证。
    A. 职能　　　　　　　　　　B. 权限
    C. 原则　　　　　　　　　　D. 特点

11. 部门、单位的管理当局应当给(　　)提供充分接近单位组织的一切记录、财产和有关人员的权力。
    A. 注册会计师　　　　　　　B. 社会审计机构
    C. 内部审计人员　　　　　　D. 国家审计机关

12. 内部审计机构不具有的权限为(　　)。
    A. 要求报送资料权　　　　　B. 参与制定和提出制度权
    C. 临时制止决定权　　　　　D. 处理、处罚权

13. (　　)应当保证内部审计机构所必需的审计工作经费,并列入企业年度财务预算。
    A. 企业　　　　　　　　　　B. 国家审计机关
    C. 当地人民政府　　　　　　D. 其他社会机构

14. 内部审计设置模式有多种,独立性最强的是(　　)。
    A. 隶属财会部门　　　　　　B. 隶属总经理
    C. 隶属监事会　　　　　　　D. 隶属董事会

二、多项选择能力训练

1. 国家审计机关的设置模式包括(　　)。
    A. 立法型　　　　　　　　　B. 司法型
    C. 行政型　　　　　　　　　D. 独立型
    E. 内部型

2. 国家审计署的职责包括(　　)。
    A. 领导地方审计机关的审计业务
    B. 指导社会审计机构的审计业务
    C. 制定与国家审计相关的审计法律
    D. 制定与国家审计相关的方针政策
    E. 制定国家审计准则与相关审计指南

3. 下列人民政府下设审计机关的是(　　)。
    A. 国务院　　　　　　　　　B. 江苏省人民政府
    C. 徐州市人民政府　　　　　D. 铜山区人民政府

4. 下列关于地方审计机关的论述,正确的是(　　)。
    A. 县级以上地方人民政府下设地方审计机关
    B. 地方审计机关是上一级审计机关的派出机构
    C. 地方审计机关直接对本级人民政府行政首长负责
    D. 地方审计机关在业务上接受上一级审计机关的领导
    E. 地方审计机关负责人的任免应当征询上一级审计机关的意见

5. 我国审计机关的审计业务活动包括(　　)。
   A. 财政收支审计　　　　　　　　B. 财务收支审计
   C. 专项审计调查　　　　　　　　D. 经济责任审计
   E. 效益审计
6. 下列关于我国审计机关权限的说法,正确的是(　　)。
   A. 审计机关的权限在内容上具有广泛性
   B. 只能由审计机关在审计监督过程中独立行使
   C. 地方审计机关的权限由地方人民代表大会决定
   D. 审计机关的权限不能与行政首长的意志相背离
   E. 宪法及审计法保证了我国审计机关权限的权威性
7. 内部审计机构检查和评价的内容包括(　　)。
   A. 财务资料的完整性　　　　　　B. 业务经营的合理性
   C. 资源利用的有效性　　　　　　D. 内部控制的有效性
   E. 资产管理的安全性
8. 内部审计机构的职责包括(　　)。
   A. 对固定资产投资项目进行审计
   B. 对资金的管理和使用情况进行审计
   C. 对单位财政、财务收支活动进行审计
   D. 对内部控制的有效性及风险管理进行评审
   E. 对内设机构及下属单位领导干部开展经济责任审计
9. 各级审计机关应当根据(　　),确定审计管辖范围。
   A. 经济业务的往来　　　　　　　B. 上下级关系
   C. 国有资产监督管理关系　　　　D. 被审计单位的财政、财务隶属关系
10. 《中央企业内部审计管理暂行办法》中规定内部审计机构具有的权力为(　　)。
    A. 参加会议权和参与制度制定、修改、督促落实权
    B. 调查权
    C. 临时制止权
    D. 召开审计会议权
11. 会计师事务所规模大小不等,为了保证完成任务和做好质量控制,会计师事务所一般都由(　　)组成。
    A. 合伙人(所有者)
    B. 经理(高级管理人员)
    C. 督导(经理下属职员)
    D. 高级审计人员(有执业资格的具体工作人员)

三、判断能力训练

1. 会计师事务所的审计业务收入无须纳税。　　　　　　　　　　　　(　　)
2. 会计师事务所必须在其注册地范围内开展业务。　　　　　　　　　(　　)

3. 会计师事务所应当与业务委托方签订审计报告。（   ）
4. 注册会计师专业阶段考试每年开展两次。（   ）
5. 国家审计机关是代表国家依法行使监督权的行政机关,它具有国家法律赋予的公允性和效益性。（   ）
6. 国家实行审计监督制度,国务院设立审计机关,市级以上地方各级人民政府设立审计机关。（   ）
7. 属于中央的企事业单位由审计署负责审计。（   ）
8. 审计机关依照法律和国务院的有关规定,主要承担对社会中介机构的审计业务质量的监督检查。（   ）
9. 内部审计机构应当遵守内部审计准则、规定,按照单位主要负责人或权力机构的要求实施审计。（   ）
10. 审计署根据工作需要派出审计特派员,设立审计派出机构,须经国家审计署审计长批准。（   ）

四、简答题

1. 简述我国审计组织体系的特征。

2. 简述我国审计机关的权限。

3. 简述政府审计体制的类型及代表性国家。

4. 简述我国中央和地方审计机关的设置概况及领导模式。

5. 简述内部审计机构的职责。

五、论述题

有观点认为行政型审计体制下的国家审计机关独立性相对较低,权威性较差。请结合审计体制谈一谈你对我国审计机关的独立性的看法。

六、情景实训

资料:张宇是一名财经院校审计专业的在校学生,她参加了学校组织的服务社会的咨询活动。一次活动中,有人向她咨询如下关于审计方面的问题:

(1)我公司是小型民营企业,需要审计吗?

(2)怎样才算审计公正?

要求:请代张宇回答她在活动过程中遇到的问题。

项目二

审计的对象与目标

任务一 审计的对象

一、单项选择能力训练

1. 下列不属于国家审计对象的是（　　）。
   A. 江苏省人民政府　　　　　　　B. 财政部
   C. 中国农业银行　　　　　　　　D. 农村合作社
2. 审计对象的外延是（　　）。
   A. 审计主体　　　　　　　　　　B. 审计理论
   C. 审计范围　　　　　　　　　　D. 审计单位
3. 审计对象是被审计单位在一定时期内能够用财务报表及有关资料表现的全部或部分经济活动,审计主体不同,审计对象也不完全相同。国家审计对象为（　　）。
   A. 本部门、本单位的财务收支及其他有关的经济活动
   B. 国务院各部门和地方各级人民政府的财政收支,国家财政金融机构和国有企业、事业组织的财务收支
   C. 委托人指定的被审计单位的财务收支及其有关的经营管理活动
   D. 审计的专职机构和专职人员
4. 下列关于审计对象的说法错误的是（　　）。
   A. 审计对象是参与审计活动关系并享有审计权力和承担审计义务的主体所作用的对象
   B. 审计对象是对被审计单位和审计的范围所做的理论概述
   C. 审计对象包含两层含义:其一是外延上的审计实体;其二是内涵上的审计内容
   D. 审计的一般对象是国家审计对象
5. （　　）是对被审计单位和审计范围所做的理论概括。
   A. 审计对象　　　　　　　　　　B. 审计主体
   C. 审计目标　　　　　　　　　　D. 审计分类

6. 下列选项中,完全正确的一项是( )。
   A. 国家审计的审计主体是国家审计机关
   B. 部门审计对被审计单位具有处罚权
   C. 社会审计的审计结果提交对象是本单位主要负责人
   D. 国家审计需要接受委托后才能提供审计服务
7. 国家审计的审计对象是( )。
   A. 财政收支   B. 财政、财务收支
   C. 财务收支   D. 经济活动
8. 社会审计的审计对象是( )。
   A. 委托人指定的被审计单位的财务收支及其有关经济活动
   B. 财政收支
   C. 财务收支
   D. 财政、财务收支

二、多项选择能力训练

1. 下列属于国家审计对象的是( )。
   A. 江苏省人民政府   B. 财政部
   C. 中国农业银行   D. 江苏省人民医院
   E. 中国移动通信集团公司
2. 下列属于审计具体对象的是( )。
   A. 国家审计对象
   B. 社会审计对象
   C. 内部审计对象
   D. 被审计单位的会计资料及有关资料所反映的财政、财务收支及其有关经济资料
3. 对会计凭证形式上的审查内容包括( )。
   A. 要素内容是否完整   B. 填制是否正确清晰
   C. 有无合法的原始凭证   D. 审批手续是否符合规定
   E. 凭证的使用和保管是否符合规定
4. 审计对象的内容载体包括( )。
   A. 会计报表   B. 会计凭证
   C. 会计账簿   D. 年度计划
   E. 经济合同
5. 下列单位在接受国家审计机关监督时以财务收支为审计对象的是( )。
   A. 中国人民银行   B. 中国农业银行
   C. 中国移动通信集团公司   D. 江苏省人民医院
   E. 江苏省建设厅
6. 下列关于被审计单位的财政收支及其有关经济活动说法正确的有( )。
   A. 本级财政预算执行情况的审计

B. 本级各部门和下级政府的预算执行情况和决算的审计
C. 预算外资金审计
D. 金融机构的财务收支审计

7. 我国内部审计的对象是本部门、本单位及所属单位的(　　)。
   A. 经济事项　　　　　　　　B. 财政收支
   C. 财务收支　　　　　　　　D. 经济活动

8. 下列关于被审计单位的财务收支及其有关经济活动说法正确的有(　　)。
   A. 事业组织财务收支审计
   B. 企业财务收支审计
   C. 国家建设项目的财务收支审计
   D. 基金、资金的财务收支审计

9. 被审计单位的会计资料及其他有关经济资料有(　　)。
   A. 会计报表　　　　　　　　B. 会计凭证
   C. 会计账簿　　　　　　　　D. 其他有关经济资料

10. 财政收支审计分为(　　)。
    A. 本级人民政府预算执行情况的审计
    B. 本级人民政府各部门预算执行情况和决算的审计
    C. 下级人民政府预算执行情况和决算的审计
    D. 预算外资金的审计

三、判断能力训练

1. 审计对象是对被审计单位和审计范围所做的理论概括。　　　　　　(　　)
2. 社会审计对象,是委托人指定的被审计单位的财务收支及其有关经济活动。
   (　　)
3. 财政收支审计分为,本级人民政府预算执行情况的审计,本级人民政府各部门预算执行情况和决算的审计,下级人民政府预算执行情况和决算的审计,预算外资金的审计。
   (　　)
4. 内部审计对象是财务收支。　　　　　　　　　　　　　　　　　　(　　)
5. 传统审计对象主要是被审计单位的财政、财务收支。　　　　　　　(　　)
6. 公众审计对象是审计的具体对象。　　　　　　　　　　　　　　　(　　)
7. 审计对象的外延是审计单位。　　　　　　　　　　　　　　　　　(　　)

四、简答题

1. 审计的一般对象包括哪两大部分？

2. 审计的具体对象包括哪些？

3. 简述被审计单位的会计资料主要包括哪些。

4. 简述被审计单位的财政收支与财务收支。

任务二　审计的目标

一、单项选择能力训练

1. 与审计期间各类交易和事项相关的审计目标中,完整性指的是(　　)。
   A. 记录或列报的金额是实际存在或发生的
   B. 实际存在或发生的金额均已记录或列报
   C. 各类业务记录于正确的会计期间
   D. 记录或列报的金额的确属于本单位所有或所欠

2. 下列关于审计目的和审计目标的表述,不正确的是(　　)。
   A. 审计目标是审计行为的出发点
   B. 审计目标是审计目的的具体化
   C. 审计目的具有局部性和阶段性
   D. 审计目的取决于审计授权人或委托人

3. 社会审计的具体审计目标中,发生指的是(　　)。
   A. 记录的交易是真实的　　　　B. 实际存在或发生的金额均已记录
   C. 各类业务记录于正确的会计期间　　D. 记录的金额是准确的

4. 被审计单位记录了虚假的销售收入 100 万元,审计人员认为其影响的财务报表认定是(　　)。
   A. 完整性　　　　　　　　　　B. 存在或发生
   C. 计价与分摊　　　　　　　　D. 截止期正确性

5. 下列关于审计目标的表述,正确的是(　　)。
   A. 应依据审计目标确定审计范围和内容
   B. 审计方法的选择影响审计目标的确定
   C. 报告阶段的审计工作不受审计目标的影响
   D. 审计目标的确定是被审计单位需求与社会需求的平衡点

6. 下列关于审计目标的表述,错误的是(　　)。
   A. 审计目标是审计行为的出发点
   B. 审计人员围绕审计目标搜集充分可靠的审计证据
   C. 审计目标的确定不影响审计标准的选择
   D. 审计人员依据审计目标确定审计范围和内容

7. 下列因素不会影响审计目标确定的是(　　)。
   A. 审计对象　　　　　　　　　B. 审计职能
   C. 审计成本　　　　　　　　　D. 审计授权人或委托人的期望

8. 国家审计的总体目标不包括（　　）。
    A. 真实性　　　　　　　　　　B. 合法性
    C. 效益性　　　　　　　　　　D. 公允性
9. 政府审计人员对比政府采购物资的单价与市场价格是在关注政府采购活动的（　　）。
    A. 合法性　　　　　　　　　　B. 经济性
    C. 效率性　　　　　　　　　　D. 效果性
10. 政府审计人员对比政府采购物资的验收时间与采购合同的签订时间是在关注政府采购活动的（　　）。
    A. 合法性　　　　　　　　　　B. 经济性
    C. 效率性　　　　　　　　　　D. 真实性
11. 政府审计人员盘点政府采购物资的数量是在关注政府采购活动的（　　）。
    A. 合法性　　　　　　　　　　B. 经济性
    C. 效率性　　　　　　　　　　D. 真实性
12. 政府审计人员调查政府采购物资的使用情况是在关注政府采购活动的（　　）。
    A. 效益性　　　　　　　　　　B. 经济性
    C. 效率性　　　　　　　　　　D. 真实性
13. 我国国家审计的总体目标是（　　）。
    A. 真实性、合法性和效益性　　B. 合法性、公允性和一致性
    C. 合法性、效益性和一致性　　D. 真实性、效益性和一致性

二、多项选择能力训练

1. 下列与所审计期间各类交易、事项及相关披露相关的审计目标说法正确的是（　　）。
    A. 由发生认定推导的审计目标是确认已记录的交易是真实的
    B. 如果发生了销售交易，但没有在销售明细账和总账中记录，则违反了完整性
    C. 如果本期交易推到下期，或下期交易提到本期，均违反了截止目标
    D. 如果将出售经营性固定资产所得的收入记录为营业收入，则导致交易分类的错误，违反了分类的目标
2. 下列与期末账户余额及相关披露相关的审计目标说法正确的是（　　）。
    A. 由存在认定推导的审计目标是确认记录的金额确实存在
    B. 由权利和义务认定推导的审计目标是确认资产归属于被审计单位，负债属于被审计单位的义务
    C. 如果存在某顾客的应收账款，而应收账款明细表中却没有列入，则违反了完整性目标
    D. 如果不存在某顾客的应收账款，在应收账款明细表中却列入了对该顾客的应收账款，则违反了存在目标

3. 下列属于内部审计总体目标的有(　　)。
   A. 真实性　　　　　　　　　　B. 公允性
   C. 合法性　　　　　　　　　　D. 效益性
4. 经济效益审计的目标包括(　　)。
   A. 效率性　　　　　　　　　　B. 公允性
   C. 经济性　　　　　　　　　　D. 效果性
5. 下列关于审计目标的表述,正确的有(　　)。
   A. 审计目标影响审计程序
   B. 社会审计的具体目标与管理层认定密切相关
   C. 审计标准的选择不受审计目标的影响
   D. 内部审计的具体目标应服务组织整体目标
6. 审计目标的确定所取决的因素有(　　)。
   A. 审计授权人　　　　　　　　B. 社会的需求
   C. 被审计单位的具体情况　　　D. 审计职业界自身的能力和水平
7. 社会审计中,与各类交易和事项相关的具体审计目标包括(　　)。
   A. 发生　　　　　　　　　　　B. 权利和义务
   C. 分类　　　　　　　　　　　D. 截止
8. 审计目标中的资产负债表审计阶段为(　　)审计。
   A. 效益性　　　　　　　　　　B. 真实性
   C. 合法性　　　　　　　　　　D. 有效性
9. 一般审计目标包括(　　)。
   A. 总体的合理性　　　　　　　B. 金额的真实性
   C. 金额的完整性　　　　　　　D. 资产的所有权
10. 下列各项所能实现的审计目标,是由计价和分摊的认定推论得出的是(　　)。
    A. 与各类交易和事项相关的审计目标
    B. 与期末账户余额相关的审计目标
    C. 与列报相关的审计目标
    D. 与会计报表相关的审计目标

三、判断能力训练

1. 审计的目标体系分为审计的总体目标和具体目标。　　　　　　　　　　(　　)
2. 经济效益审计是以审查和评价实现经济效益的程度和途径为内容,以促进经济效益提高为目的所进行的审计。　　　　　　　　　　　　　　　　　　　　　(　　)
3. 政府审计人员盘点政府采购物资的数量是在关注政府采购活动的合法性。(　　)
4. 具体性是审计的目标。　　　　　　　　　　　　　　　　　　　　　　(　　)
5. 财政、财务审计的目的是审查经济活动的真实性与合规性。　　　　　　(　　)
6. 审计具有实用性,为了适应社会的要求,其目标也在不断变化。　　　　(　　)
7. 注册会计师审计的总体目标包括公允性和合法性。　　　　　　　　　　(　　)

8. 公允性属于内部审计的总体目标。　　　　　　　　　　　　　　（　　）

9. 在一般情况下,一个一般审计目标只需要有一个项目审计目标与之相对应。
　　　　　　　　　　　　　　　　　　　　　　　　　　　　　　（　　）

10. 财务报表审计的目标是注册会计师通过执行审计工作对财务报表的合法性、公允性发表审计意见。　　　　　　　　　　　　　　　　　　　　　　（　　）

四、简答题

1. 简述审计总体目标的内容。

2. 简述一般审计目标的内容。

3. 简述执行财务报表审计工作时注册会计师的总体目标。

项目三
审计依据、审计证据与审计工作底稿

任务一 审计依据

一、单项选择能力训练

1. 下列审计依据,权威性最高的是( )。
   A. 预算法 B. 预算法实施条例
   C. 年度预算 D. 上级指示
2. 审计依据的特征不包括( )。
   A. 权威性 B. 时效性
   C. 地域性 D. 独立性
3. 下列关于审计依据的说法,不正确的是( )。
   A. 审计依据是据以作出审计结论的
   B. 审计依据是提出处理意见和建议的客观尺度
   C. 审计依据用以查明审计客体的行为是否规范
   D. 审计人员在选用审计依据时无须考虑层次性、相关性、地域性及时效性等特点
4. 审计准则的意义不包括( )。
   A. 它是制约被审计单位参与审计人员的行为规范
   B. 它是指导审计工作的业务指南
   C. 它是衡量审计质量的客观标准
   D. 它是签署审计意见的重要依据
5. 下列不属于法律、法规审计依据的是( )。
   A. 会计法 B. 会计准则
   C. 原材料消耗定额 D. 民法
6. 下列不属于财政、财务审计依据的是( )。
   A. 税法 B. 外汇管理条例
   C. 会计制度 D. 租赁经营合同

7. 下列不属于审计依据的是(　　)。
   A. 公司法　　　　　　　　　　B. 独立审计准则
   C. 单位内部控制制度　　　　　D. 年度预算
8. 审计依据中的相关性是指被审计事项与审计依据(　　)。
   A. 直接相关　　　　　　　　　B. 很少相关
   C. 无关　　　　　　　　　　　D. 较少相关
9. 审计依据的最高层是(　　)。
   A. 国家的法律、法规　　　　　B. 国务院制定的法令、条例
   C. 地方政府制定的条例　　　　D. 被审计单位的决议

二、多项选择能力训练

1. 下列可作为审计依据的是(　　)。
   A. 法律、法规　　　　　　　　B. 规章制度
   C. 财务预算　　　　　　　　　D. 经营目标
2. 审计依据的特征包括(　　)。
   A. 独立性　　　　　　　　　　B. 层次性
   C. 时效性　　　　　　　　　　D. 相关性
3. 下列关于审计依据的说法,正确的是(　　)。
   A. 审计依据的层次性与权威性正相关
   B. 引用审计依据时应当注意地区差别
   C. 不能以新的审计依据评价旧的被审计事项
   D. 审计依据的引用应当与审计项目相关
4. 运用审计依据的原则包括(　　)。
   A. 优先考虑权威性高的审计依据
   B. 选用被审计单位适用的审计依据
   C. 领导的口头指示可以作为审计依据
   D. 必须选择适用于被审计事项发生时有效的审计依据
5. 审计依据的运用要兼顾(　　)。
   A. 长远利益　　　　　　　　　B. 社会效益
   C. 国家利益　　　　　　　　　D. 经济利益
6. 审计人员选用审计依据时,应考虑审计依据的(　　)。
   A. 时效性　　　　　　　　　　B. 层次性
   C. 区域性　　　　　　　　　　D. 相关性
7. 财务审计依据一般能在一定时期内保持相对稳定,但经济效益评价依据随着国家的(　　)变化而不断变更。
   A. 经济政策　　　　　　　　　B. 科学技术
   C. 管理要求　　　　　　　　　D. 发展速度

8. 在会计报表审计实务中,一般审计目标包括(　　)。
   A. 总体的合理性　　　　　　　　B. 金额的真实性
   C. 金额的完整性　　　　　　　　D. 计量的正确性
9. 下列关于库存现金的审计目标说法正确的是(　　)。
   A. 有关现金的内部控制制度是否存在和有效
   B. 现金收支业务是否完整地入账,有无遗漏
   C. 记录在账的现金是否确实存在,有无挪用现象,是否属于被审计单位所有
   D. 现金的会计记录是否正确无误

三、判断能力训练

1. 审计依据是指将所查明的事实与现行的各种规定进行比较,据以提出审计思路和建议,做出审计结论的客观标准。（　　）
2. 在运用审计依据时,要尽量选择层次高的,舍弃层次低的。（　　）
3. 审计意见的效率受时间限制,并不是永远有效的。（　　）
4. 必须全面地、历史地、辩证地运用审计依据。（　　）
5. 采购合同属于审计依据,但技术经济指标不属于审计依据。（　　）
6. 发生和完整性两者强调的是不同的关注点。发生目标针对多记、虚构交易（低估）,而完整性目标则针对漏记交易（高估）。（　　）
7. 如果没有发生销售交易,但在销售日记账中记录了一笔销售,则违反了发生目标。（　　）
8. 由列报认定推导出的审计目标是确认被审计单位的交易和事项已被恰当地汇总或分解且表述清楚,相关披露在适用的财务报告编制基础上是相关的、可理解的。（　　）
9. 在一般情况下,一个一般审计目标至少有一个项目审计目标与之相对应。（　　）
10. 审计具体目标是审计总体目标的具体化,根据具体化的不同程度,又分为一般审计目标和项目审计目标两个层次。（　　）

四、简答题

1. 简述审计依据的分类。

2. 简述审计依据的特征。

3. 简述审计依据与审计准则的对比。

4. 简述运用审计依据的原则。

任务二 审计证据

一、单项选择能力训练

1. 下列各项审计证据,属于实物证据的是(　　)。
   A. 计算机中存储的资料　　　　　　B. 被审计单位的库存现金
   C. 与当事人谈话的录音带　　　　　D. 经济业务发生时现场的录像带
2. 下列关于审计证据的表述,错误的是(　　)。
   A. 审计证据是形成审计意见的基础
   B. 审计证据是评价被审计事项的事实依据
   C. 获取更多的审计证据可以弥补其质量上的缺陷

D. 审计证据质量越高,需要的审计证据数量可能越少
3. 下列关于审计证据的说法,正确的是( )。
   A. 书面证据仅来自被审计单位内部
   B. 实物证据可以以照片的方式加以记录
   C. 实物证据能证明资产的所有权
   D. 被调查人写出的书面证明材料属于书面证据
4. 下列关于审计证据的说法,不正确的是( )。
   A. 审计人员在被审计单位取得的证据称为内部证据
   B. 监控设备记录的会议讨论情况属于言词证据
   C. 外部证据比内部证据可靠
   D. 口头证据不如实物证据可靠
5. 下列情形,需要收集最多审计证据的是( )。
   A. 被审计单位内部控制有效   B. 以前年度的审计工作未发现重大问题
   C. 被审计单位财务状况良好   D. 管理层诚信记录不佳
6. 下列关于审计证据的论述,不正确的是( )。
   A. 书面证据比言辞证据可靠性强
   B. 外部证据比内部证据可靠性强
   C. 被审计单位内部控制执行情况对内部证据的可靠性没有影响
   D. 来自不同渠道且能相互印证的审计证据比通过单一渠道获得的证据更可靠
7. 下列证据,证明力最强的是( )。
   A. 销货发票   B. 会议记录
   C. 应收账款函证回函   D. 环境证据
8. 下列不属于环境证据的是( )。
   A. 内部控制状况   B. 管理人员的素质
   C. 管理条件和管理水平   D. 被审计单位的地理位置
9. 下列关于审计证据说服力的说法,不正确的是( )。
   A. 审计证据的说服力包括充分性与适当性两个方面
   B. 审计证据的质量不高时就需要用数量来弥补
   C. 审计证据的质量越高,审计证据的说服力就越强
   D. 重大错报风险越大,对审计证据说服力的要求就越高
10. 下列情况,审计人员可以搜集较少数量的审计证据的是( )。
    A. 固有风险高   B. 控制风险高
    C. 检查风险高   D. 舞弊风险高
11. 下列关于审计证据的论述,不正确的是( )。
    A. 充分适当的审计证据是发表审计意见的基础
    B. 审计证据的来源不限于被审计单位
    C. 被审计单位的非财务信息可作为审计证据
    D. 审计证据决策仅与风险评价结果相关

12. 下列关于审计证据评价的说法,不正确的是(　　)。
    A. 审计证据的说服力包括充分性与适当性两个方面
    B. 审计证据的适当性是对审计证据质量的度量
    C. 审计证据的数量越多,对审计证据质量的要求就越低
    D. 审计证据的相关性关注于选用的审计方法是否与审计目标有关

13. 下列不属于影响审计证据决策因素的是(　　)。
    A. 风险因素　　　　　　　　　　B. 成本效益因素
    C. 重要性因素　　　　　　　　　D. 真实性因素

14. 下列关于审计证据的表述,不正确的是(　　)。
    A. 充分性是对审计证据数量的衡量
    B. 适当性是对审计证据质量的衡量
    C. 审计人员应该考虑取证的经济性,对于审计成本较高的审计证据,应该减少其数量
    D. 审计证据并不是越多越好

15. 从证据来源看,下列审计证据,最可靠的是(　　)。
    A. 从税务机关直接获取的纳税证明
    B. 被审计单位提供的银行贷款合同副本
    C. 被审计单位提供的对未决诉讼预期判决结果的分析
    D. 审计人员利用客户提供的数据亲自计算的账务比率

16. 审计证据的相关性是指(　　)。
    A. 审计证据与审计目标的内在联系程度
    B. 审计证据与审计组织的内在联系程度
    C. 审计证据与审计成本的内在联系程度
    D. 审计证据与审计风险的内在联系程度

17. 审计人员获取的下列审计证据,证明力最弱的是(　　)。
    A. 银行存款对账单　　　　　　　B. 支票
    C. 领料单　　　　　　　　　　　D. 律师声明书

18. 审计人员对存货进行监盘取得的证据属于(　　)。
    A. 视听证据　　　　　　　　　　B. 鉴定证据
    C. 实物证据　　　　　　　　　　D. 环境证据

19. 管理层的书面声明属于(　　)。
    A. 实物证据　　　　　　　　　　B. 书面证据
    C. 鉴定证据　　　　　　　　　　D. 环境证据

20. 下列事项中,实物证据证明力最强的是(　　)。
    A. 资产的所有权　　　　　　　　B. 资产的质量
    C. 资产的存在　　　　　　　　　D. 资产的分类

二、多项选择能力训练

1. 下列关于审计证据的说法,正确的有( )。
   A. 审计证据是评价被审计事项的事实根据
   B. 审计工作的质量取决于审计证据的质量
   C. 审计意见或审计决定都必须有充分、适当的审计证据来支持
   D. 审计任务能否完成在很大程度上取决于审计取证工作是否成功
2. 下列关于审计证据的表述,正确的有( )。
   A. 工程质量的鉴定证明属于书面证据
   B. 口头证据需要得到其他相应证据的支持
   C. 被审计单位管理人员的素质属于环境证据
   D. 不同来源或不同形式的审计证据可以与同一审计目标相关
3. 下列关于审计证据的表述,正确的是( )。
   A. 被篡改和伪造机会越少的审计证据越相关
   B. 审计证据的相关性取决于获取审计证据的具体环境
   C. 针对一项具体审计目标,可以获取不同形式的审计证据
   D. 针对一项具体审计目标,可以从不同来源获取审计证据
4. 下列关于审计证据充分性的表述,正确的有( )。
   A. 充分性是审计证据的质量特征之一
   B. 充分性就是要求审计证据越多越好
   C. 充分性是指审计证据的数量足以证明被审计事项并支持审计意见
   D. 充分性是指审计证据本身的真实性
5. 影响审计证据决策的因素有( )。
   A. 审计人员水平   B. 风险
   C. 成本效益   D. 被审计单位内部控制的健全性
6. 下列审计证据,属于书面证据的有( )。
   A. 被审计单位的地理环境   B. 被审计单位的账簿
   C. 被审计单位的采购合同   D. 被审计单位的支票存根
7. 下列各项,属于审计证据整理分析方法的有( )。
   A. 分类   B. 计算
   C. 比较   D. 综合
8. 在对某国有银行的信贷业务实施审计时,审计人员调阅了某企业信贷档案,与企业负责人、信贷经理座谈,并实地查看了抵押的房产,为跟踪贷款资金的流向,延伸检查了其他相关单位。在这一审计过程中,审计人员采取的取证方法有( )。
   A. 分析   B. 检查
   C. 询问   D. 外部调查
9. 审计证据的作用包括,它是( )。
   A. 评价被审计事项的事实根据   B. 考核审计人员业绩的依据

C. 做出审计决定的基础　　　　　D. 联结审计工作的纽带

10. 下列关于审计人员鉴定审计证据适当性的说法,正确的有(　　)。
    A. 对于实物证据,不但要核实数量,还应关注质量
    B. 对于书面证据,不但要核对金额,还应判别真伪
    C. 对于口头证据,要分析提供者的陈述是否真实
    D. 从外部独立来源获取的审计证据,一定是可靠的

11. 下列审计证据,属于按来源分类的有(　　)。
    A. 外部证据　　　B. 环境证据　　　C. 亲历证据　　　D. 内部证据

12. 下列关于审计证据可靠性评价的说法,正确的是(　　)。
    A. 获取审计证据的成本越高就越可靠
    B. 审计证据提供者的特性对可靠性没有影响
    C. 间接获取的审计证据不如直接获取的审计证据可靠
    D. 审计人员现金盘点结果比账面记录可靠

13. 下列关于审计证据充分性的说法,正确的包括(　　)。
    A. 审计证据的数量影响其充分性
    B. 错报风险越大,则需要的审计证据越多
    C. 审计证据的质量越高,则需要的审计证据越少
    D. 审计证据的质量不高就必须用数量来弥补

14. 审计证据按其表现形式可分为(　　)。
    A. 实物证据　　　　　　　　　B. 书面证据
    C. 言辞证据　　　　　　　　　D. 环境证据

15. 审计取证决策的内容包括(　　)。
    A. 审计手续决策　　　　　　　B. 证据规模决策
    C. 项目选取决策　　　　　　　D. 实施时机决策

三、判断能力训练

1. 为了保证审计证据的充分性,审计人员应搜集尽可能多的审计证据。(　　)
2. 审计证据是做出审计决定的依据。(　　)
3. 实物证据不能完全证实实物资产归属被审计单位,也不能完全证实实物资产价值的正确性。(　　)
4. 对于某项存货,审计人员只要亲临现场监盘过,就可以认为该项存货是归属被审计单位的存货。(　　)
5. 审计人员为证明某一事项而自己动手编制的分析表属于内部证据。(　　)
6. 充分适当的审计证据是形成审计意见的基础。(　　)
7. 会计师事务所在任何情况下都不得泄露审计档案中涉及的商业秘密及有关内容。(　　)
8. 客观、公正的审计意见必须建立在有足够数量的审计证据基础上,因此,审计证据越多越好。(　　)

9. 若被审计单位内部控制设计完善,则所取得的内部证据就比较可靠。　　　(　　)

10. 外部证据是由审计人员以外的组织机构或人士所编制的书面证据,一般具有较强的证明力。　　　　　　　　　　　　　　　　　　　　　　　　　　　　(　　)

11. 口头证据是被审计单位职员对审计人员的提问做口头答复所形成的一种证据。
　　　　　　　　　　　　　　　　　　　　　　　　　　　　　　　　(　　)

12. 口头证据一定是不可靠的。　　　　　　　　　　　　　　　　　(　　)

13. 针对同一项认定,可以获取不同来源的审计证据。　　　　　　　(　　)

四、简答题

1. 简述审计证据的含义、特征和种类。

2. 简述搜集审计证据的主要方法。

3. 简述审计证据的充分性和适当性。

五、论述题

资料：注册会计师张宇在对某客户审计过程中，搜集到以下五组证据：
（1）销货发票副本与购货发票。
（2）审计助理人员盘点存货的记录与客户自编的盘点存货记录。
（3）审计助理人员收回的应收账款函证回函与询问客户应收账款负责人的记录。
（4）被审计单位管理层声明书与律师声明书。
（5）销货发票副本与产品出库单。
要求：请分别说明每组证据中的哪项审计证据更可靠及原因是什么。

任务三　审计工作底稿

一、单项选择能力训练

1. 下列关于审计工作底稿作用的表述，错误的是（　　）。
   A. 控制审计工作质量的手段　　　　B. 明确被审计单位责任的依据
   C. 编写审计报告的依据　　　　　　D. 提供行政诉讼的佐证资料
2. 审计工作底稿的所有权属于（　　）。
   A. 被审计单位财务部门　　　　　　B. 被审计单位董事会
   C. 执行该项目的会计师事务所　　　D. 负责该项目的项目经理
3. 下列有关审计工作底稿的表述，错误的是（　　）。
   A. 审计工作底稿相互引用时应注明索引号
   B. 审计工作底稿可以酌情省略以确保按时完成审计项目
   C. 审计工作底稿是明确审计人员责任和考核审计人员的依据
   D. 审计工作底稿是总结审计工作和进行审计理论研究的资料
4. 下列各项，不属于审计工作底稿内容的是（　　）。
   A. 调查了解记录　　　　　　　　　B. 执行审计措施记录

  C. 重要管理事项记录   D. 不重要管理事项记录
5. 下列关于审计工作底稿的说法,正确的是( )。
  A. 审计工作底稿是考核审计人员工作业绩的主要依据
  B. 完成审计工作以后应当将审计工作底稿移交给被审计单位
  C. 审计工作底稿应当与审计证据分离
  D. 审计结论无须在审计工作底稿中记录
6. 下列关于审计工作底稿的说法,正确的是( )。
  A. 审计工作底稿编制完成后就要直接归档
  B. 审计工作底稿中不需要记录审计过程
  C. 所有的审计活动都需要在审计工作底稿中记录
  D. 审计工作底稿的编制者应当与复核者分离
7. 下列有关审计工作底稿的表述,错误的是( )。
  A. 审计工作记录应当记载审计人员获取的证明材料的名称、来源和获取时间等,但不需要附有经过审计人员鉴定的证明材料
  B. 业务类审计工作底稿按编制顺序可分为综合类工作底稿、分项目类工作底稿和汇总工作底稿
  C. 审计工作底稿是审计人员在审计过程中形成的与审计事项有关的工作记录和获取的证明材料
  D. 审计证据的搜集和评价以审计工作底稿的形式被记录

二、多项选择能力训练

1. 审计工作底稿的基本结构主要包括( )。
  A. 稿首部分   B. 审计工作底稿的内容记录
  C. 审计意见   D. 稿尾
2. 审计工作底稿中的"审计过程和结论"主要包括( )。
  A. 审计认定的事实摘要   B. 取得的审计证据的名称和来源
  C. 得出的审计结论   D. 实施审计的主要步骤和方法
3. 业务类审计工作底稿按编制顺序可分为( )。
  A. 综合类审计工作底稿   B. 分项目审计工作底稿
  C. 汇总审计工作底稿   D. 管理类工作底稿
4. 下列关于审计工作底稿的描述,正确的是( )。
  A. 综合类审计工作底稿,是指审计人员对被审计单位内部控制制度进行测试和对被审计单位会计报表及相关资料进行审计时形成的审计工作底稿
  B. 分项目审计工作底稿,是指由审计人员按照审计方案确定的审计项目内容,逐项逐事编制形成的审计工作底稿
  C. 汇总审计工作底稿,是在分项目审计工作底稿编制完成的基础上,按照分项目审计工作底稿的性质、内容进行分类、归集、排序、综合而成
  D. 审计工作底稿是审计人员在审计过程中形成的与审计事项有关的工作记录和获

取的证明材料

5. 下列属于审计意见主要内容的是（　　）。
   A. 审计评价或结论　　　　　　　B. 审计处理意见和审计标准
   C. 审计建议　　　　　　　　　　D. 审计附件
6. 审计工作底稿的内容记录一般包括（　　）。
   A. 审查的内容范围　　　　　　　B. 审计的程序
   C. 审计的方法　　　　　　　　　D. 审计的简要经过
7. 审计工作底稿除了三个基本部分之外，稿尾部分还必须标明（　　）。
   A. 审计项目的负责人　　　　　　B. 审计工作底稿编制人
   C. 编制日期　　　　　　　　　　D. 审计工作底稿的复核人及复核日期
8. 无论什么样的审计工作底稿，都应当包括的内容是（　　）。
   A. 被审计单位名称　　　　　　　B. 审计项目名称
   C. 审计项目地点或期间　　　　　D. 审计过程记录
9. 下列各项，属于审计工作底稿主要内容的有（　　）。
   A. 审计项目名称　　　　　　　　B. 审计结论
   C. 审计过程记录　　　　　　　　D. 审计期间

三、判断能力训练

1. 审计人员可以将直接从被审计单位取得的有关法律文件、合同、章程等作为审计工作底稿。（　　）
2. 审计人员在审计过程中搜集的所有资料，均应列示在审计工作底稿中。（　　）
3. 会计师事务所应当建立严格的审计工作底稿保密制度，并落实专人管理。（　　）
4. 审计工作底稿是对审计过程的一个完整反映，是连接被审计单位的记录和审计报告的桥梁。（　　）
5. 审计工作底稿可以作为下年度审计计划的参考。（　　）
6. 业务类审计工作底稿是审计人员在审计过程中取得的，对本年度和以前年度审计均有证效力的各种审计资料。（　　）
7. 审计工作底稿中，由于审计内容的不同，审计标识可以各有特点。（　　）
8. 审计工作底稿保存 10 年即可自行销毁。（　　）
9. 编制审计工作底稿时，要求做到资料翔实、重点突出、结论明确、要素齐全、记录清晰。（　　）
10. 因审计工作需要，无论委托人是否同意，被审计单位原任会计师事务所的职业注册会计师有权要求查阅被审计单位其他会计师事务所以前形成的审计工作底稿。（　　）
11. 审计工作底稿必须有编制人和复核人的签章。（　　）
12. 审计工作底稿是审计证据的载体，具有法律效力。（　　）

四、简答题

1. 简述审计工作底稿的作用。

2. 简述审计工作底稿的基本要素。

3. 确定审计工作底稿的格式、内容和范围时应当考虑哪些因素?

五、论述题

1. 审计工作底稿的所有权归属谁?为什么?

2. 如何理解编制审计工作底稿的总体要求?

项目四

审计方法与技术

任务一　审计方法

一、单项选择能力训练

1. 在审计过程中,审计人员对有关项目的合计进行复算,这种方法是(　　)。
   A. 顺查法　　　　　　　　　　B. 复核法
   C. 鉴定法　　　　　　　　　　D. 调节法

2. 对于专题、专案审计,一般宜用(　　)。
   A. 详查法　　　　　　　　　　B. 抽查法
   C. 比较法　　　　　　　　　　D. 调节法

3. 顺查法是从问题的(　　)查起。
   A. 结果　　　　　　　　　　　B. 起点
   C. 中间　　　　　　　　　　　D. A 和 B

4. 下列对详查法的表述,正确的是(　　)。
   A. 能节约人力、物力和财力
   B. 影响审查结果的准确性
   C. 审查结果全面、准确,检查较为彻底
   D. 适用于内部控制制度较好的企业

5. 审计取证方法按取证顺序与记账程序的关系可分为(　　)。
   A. 顺查法与逆查法　　　　　　B. 详查法与抽查法
   C. 计算法与检查法　　　　　　D. 核对法与比较法

6. 按记账程序发生顺序的相反方向进行审查的审计取证方法称为(　　)。
   A. 核对法　　　　　　　　　　B. 计算法
   C. 逆查法　　　　　　　　　　D. 分析法

7. 对业务规模大、内部控制制度比较好的被审计单位取证时,可采用(　　)。
   A. 详查法　　　　　　　　　　B. 顺查法
   C. 全部检查　　　　　　　　　D. 逆查法

8. 对被审计单位的某类经济业务和会计资料的全部内容进行详细审查的方法是（　　）。
   A. 抽查法 　　　　　　　　　　　　B. 详查法
   C. 顺查法 　　　　　　　　　　　　D. 观察法
9. 围绕（　　）实施必要的审计程序和方法。
   A. 审计目标 　　　　　　　　　　　B. 审计程序
   C. 审计依据 　　　　　　　　　　　D. 审计证据
10. 书面资料审查的方法按审查的范围可分为（　　）。
    A. 详细审计和抽样审计 　　　　　　B. 顺查法和逆查法
    C. 全部审计和局部审计 　　　　　　D. 详查法和抽查法
11. 逆查法的关键步骤是对（　　）的审阅和分析。
    A. 会计报表 　　　　　　　　　　　B. 会计资料
    C. 会计凭证 　　　　　　　　　　　D. 会计账簿
12. 下列关于顺查法的说法，不正确的是（　　）。
    A. 先审阅记账凭证再核对后附的原始凭证属于顺查法
    B. 先审阅明细账再核对可疑记录的相关凭证属于顺查法
    C. 顺查法的成本比逆查法的高
    D. 顺查法适用于规模较大的被审计单位

二、多项选择能力训练

1. 审查书面资料的方法按其顺序可分为（　　）。
   A. 详查法 　　　　　　　　　　　　B. 逆查法
   C. 顺查法 　　　　　　　　　　　　D. 审阅法
2. 审查书面资料的方法按其所涉及的数量可分为（　　）。
   A. 顺查法 　　　　　　　　　　　　B. 详查法
   C. 抽查法 　　　　　　　　　　　　D. 逆查法
3. 顺查法审查原始凭证的目的在于审查原始凭证的（　　）。
   A. 真实性 　　　　　　　　　　　　B. 正确性
   C. 合法性 　　　　　　　　　　　　D. 科学性
4. 审计取证的基本方法包括（　　）。
   A. 审阅法 　　　　　　　　　　　　B. 顺查法
   C. 详查法 　　　　　　　　　　　　D. 逆查法
   E. 抽查法
5. 抽查法的使用范围比较广泛，审查（　　）的单位可以采用。
   A. 规模较大 　　　　　　　　　　　B. 经济业务较多
   C. 内部控制健全有效 　　　　　　　D. 会计基础工作较好
   E. 组织机构健全

三、判断能力训练

1. 抽查法比详查法更具效率。（   ）
2. 详查法比抽查法更容易发现错弊行为。（   ）
3. 不同的审计方式,需要的审计证据不同,可以取证的途径也不同,因此就要采用不同的审计方法。（   ）
4. 顺查法一般适用于规模较大、业务较多的大型企业和凭证较多的行政事业单位。（   ）
5. 详查法的主要缺点是工作量太大,消耗人力和时间过多,审查成本高,故难以被普遍采用。（   ）
6. 顺查法就是详查法。（   ）
7. 逆查法是逆账务处理程序而进行审计的方法。（   ）
8. 由于审计就是查账,因此审计抽样就是抽查。（   ）

四、简答题

1. 简述直查法的基本程序。

2. 简述重制法的基本程序。

任务二　审计技术

一、单项选择能力训练

1. 下列关于审阅法的说法，不正确的是（　　）。
   A. 通过审阅法可以获取书面证据
   B. 会计凭证属于审计人员审阅的对象
   C. 通过审阅法只能获取间接证据
   D. 考勤记录属于审计人员审阅的对象

2. 对书面记录开展审计时，不适宜采用的审计技术是（　　）。
   A. 审阅法　　　　　　　　　　B. 复核法
   C. 核对法　　　　　　　　　　D. 盘存法

3. 验证实物资产存在性的最佳审计技术是（　　）。
   A. 审阅法　　　　　　　　　　B. 盘存法
   C. 观察法　　　　　　　　　　D. 询问法

4. 通过下列审计技术搜集到的审计证据中最不可靠的是（　　）。
   A. 审阅法　　　　　　　　　　B. 盘存法
   C. 观察法　　　　　　　　　　D. 函证法

5. 能获取实物证据的审计技术是（　　）。
   A. 盘存法　　　　　　　　　　B. 询问法
   C. 审阅法　　　　　　　　　　D. 函证法

6. 下列关于文件检查的应用，不恰当的是（　　）。
   A. 评价被审计单位的内部控制　　B. 了解被审计单位的业务活动
   C. 验证实物资产的存在　　　　　D. 验证实物资产的权属

7. 函证法不适用于验证（　　）审计目标。
   A. 应收账款的存在　　　　　　B. 库存现金的存在
   C. 银行存款的存在　　　　　　D. 重大交易的发生

8. 下列审计程序选择，恰当的是（　　）。
   A. 通过实物检查验证有形资产的权属
   B. 通过观察验证交易金额的准确性
   C. 通过分析程序验证错报
   D. 通过文件检查验证内部控制的有效性

9. 下列关于审计技术的理解，不恰当的是（　　）。
   A. 抽样技术的应用使得审计服务只能提供合理保证
   B. 观察法与询问法一般需要配合其他审计证据作为佐证

C. 选用恰当的审计技术可以降低审计成本

D. 审计技术的具体选择不会影响最终的审计风险

10. 通过对书面资料的阅读和审查而取得审计证据的审计技术称为（　　）。
    A. 核对法　　　　　　　　　　B. 检查法
    C. 查询法　　　　　　　　　　D. 分析性复核法

11. 在实际工作中,往往把审阅法与（　　）结合起来应用。
    A. 观察法　　　　　　　　　　B. 鉴定法
    C. 比较法　　　　　　　　　　D. 核对法

12. 监督盘存法是审计人员现场监督被审计单位（　　）等的盘点,并进行适当的抽查、复点。
    A. 各种实物资产
    B. 各种实物资产和现金、有价证券
    C. 现金和有价证券
    D. 现金

13. 对被审计单位会计资料中的数据进行重新计算或另行计算而取得审计证据的审计技术为（　　）。
    A. 函证法　　　B. 计算法　　　C. 监盘法　　　D. 观察法

14. 函证作为一种有力的审计证据,主要用来证实（　　）。
    A. 财产的存在性　　　　　　　B. 财产的价值
    C. 往来账项　　　　　　　　　D. 财产的完整性

15. 下列审计取证技术,最适于实现总体合理性审计目标的是（　　）。
    A. 检查法　　　　　　　　　　B. 观察法
    C. 计算法　　　　　　　　　　D. 分析性复核法

16. 审计人员通过对与被审计事项有关的单位和个人进行书面或口头询问而取得审计证据的审计技术是（　　）。
    A. 观察法　　　　　　　　　　B. 询问法
    C. 分析性复核法　　　　　　　D. 检查法

17. 下列审计取证技术,能够为应收账款的真实性提供可靠审计证据的是（　　）。
    A. 观察法　　　　　　　　　　B. 函证法
    C. 监盘法　　　　　　　　　　D. 分析性复核法

18. 审计人员对被审计单位有关数据进行比较和分析,以发现异常项目和异常变动的审计取证技术是（　　）。
    A. 分析性复核法　　　　　　　B. 函证法
    C. 观察法　　　　　　　　　　D. 检查法

19. 函证法是指通过向有关单位发函了解情况取得证据的一种技术,一般用于（　　）的查证。
    A. 无形资产　　　　　　　　　B. 固定资产
    C. 往来款项　　　　　　　　　D. 流动资产

20. （　　）是指由审计人员亲自到现场盘点实物,证实书面资料与有关财产物资是否相符的一种审计技术。

  A. 监督盘存法   B. 观察法
  C. 调节法   D. 直接盘存法

21. ( )是指在审查某个项目时,通过调整有关数据,以证实实际数据的一种审计技术。

  A. 鉴定法   B. 调节法
  C. 盘存法   D. 抽样法

22. 对现金业务账实是否一致进行审查,最好的审计技术是( )。

  A. 盘点法   B. 分析法
  C. 复核法   D. 逆查法

23. 检查实物是审计人员进行实质性测试常采用的方法,审查的对象包括( )。

  A. 管理费用   B. 库存现金
  C. 无形资产   D. 预付账款

二、多项选择能力训练

1. 审查书面资料按其技术可分为( )。

  A. 审阅法   B. 核对法
  C. 查阅法   D. 比较法

2. 审阅法在财务审计中应用最为广泛,主要审阅( )。

  A. 审计工作底稿   B. 会计凭证
  C. 会计账簿   D. 审计业务约定书

3. 核对法是指对凭证、账簿、报表等书面资料的有关数据进行相互对照检查,借以查明( )之间是否相符。

  A. 证证   B. 账证
  C. 账账   D. 账表

4. 下列关于函证法的说法,正确的是( )。

  A. 函证的对象是外部的独立第三方
  B. 消极函证要求被询证者只需在存有异议时才回复
  C. 由被审计单位寄收函件可以提高审计效率
  D. 寄发积极式询证函但逾期未收到回函则意味着存在异议
  E. 对重要事项的函证应当注意保密

5. 证实客观事物的审计技术,包括( )。

  A. 核对法   B. 盘存法
  C. 调节法   D. 观察法

6. 函证的方式有( )。

  A. 逆查   B. 积极式
  C. 消极式   D. 顺查

7. 注册会计师在审计中获取审计证据可以采用的审计技术有(　　)。
   A. 观察法与监督盘存法　　　　B. 检查法与计算法
   C. 分析性复核法　　　　　　　D. 查询法与函证法
8. 分析性复核法包括(　　)。
   A. 科目分析法　　　　　　　　B. 指标分析法
   C. 比较分析法　　　　　　　　D. 平衡分析法
9. 直接盘存可以采用(　　)形式。
   A. 突击性　　　　　　　　　　B. 抽查性
   C. 顺查性　　　　　　　　　　D. 分析性
10. 鉴定法可用于(　　)审计。
    A. 财政、财务　　　　　　　　B. 财经法纪
    C. 经济效益　　　　　　　　　D. 经济责任
11. 查询法分为(　　)。
    A. 口头查询法　　　　　　　　B. 书面查询法
    C. 实地查询法　　　　　　　　D. 强制查询法
12. 下列关于监督盘存的说法，正确的有(　　)。
    A. 它是审计人员亲自进行的盘点
    B. 它可以采用突击性盘点、抽查性盘点形式
    C. 它适用于数量较大的实物
    D. 它不但要盘点实物的数量，还要盘点实物的质量
13. 审计取证的具体技术包括(　　)。
    A. 查询法及函证法　　　　　　B. 分析性复核法
    C. 抽查法　　　　　　　　　　D. 逆查法

三、判断能力训练

1. 盘存法可以证实实物资产的存在性。（　　）
2. 盘存法无法证实实物资产的使用权。（　　）
3. 观察法提供的审计证据未必是可靠的。（　　）
4. 鉴定法的鉴定结果结论必须是具体的、客观的和准确的，并作为一种独立的审计证据，详细地记入审计工作底稿。（　　）
5. 审计技术与审计证据并不是一一对应的，通常一种审计技术可产生多种证据，而获取某类证据也可选用多种审计技术。（　　）
6. 查询是指注册会计师对有关人员进行口头询问以获取审计证据。（　　）
7. 盘存法按组织形式不同可分为直接盘存法和监督盘存法。（　　）
8. 审计抽样既可用于控制测试，也可用于实质性测试。（　　）
9. 采用的方法无论是统计抽样还是非统计抽样，都离不开审计人员的专业判断。
（　　）
10. 函证法是通过向有关单位发函了解情况取得证据的一种审计技术，一般用于往来

款项的查证。（　　）

11. 审计抽样是指注册会计师在实施审计程序时,从总体中选取一定数量的样本进行测试,并对所选项目发表审计意见的方法。（　　）

12. 对于容易出现舞弊行为的现金、银行存款和贵重原材料的审计,应采用监督盘存法。（　　）

13. 审阅法和核对法在经济效益审计中应用最为广泛。（　　）

四、情景实训

1. **资料**：某企业 2021 年 12 月 31 日账面结存 A 材料 2 000 千克,通过核对并无错弊。2022 年 1 月 1 日至 15 日期间收入 A 材料 35 000 千克,发出 A 材料 34 500 千克。2022 年 1 月 1 日期初余额及收发数额均经核对、审阅和复算无误。2022 年 1 月 15 日下班后监督盘点实存量为 2 800 千克。

要求：

（1）计算 12 月 31 日的数量。

（2）指出审计人员对于账实不符的情况应怎么办。

2. **资料**：在对某企业的应收账款账户进行审计时,审计人员使用函证程序进行取证。审计人员获取的被审计单位应收账款账龄分析表如下：

客户	金额/元	1 年以内	1—2 年	2—3 年	3 年以上
甲	60 000	✓			
乙	2 500		✓		
丙	100 000				✓
丁	800 000			✓	

要求回答：

（1）函证的类型包括哪两种？它们存在什么区别？

（2）根据被审计单位的应收账款账龄分析表,审计人员决定对其中两个客户实施函证。如果你是审计师,你认为应该选择哪两个客户？你选择这两个客户的原因是什么？

3. **资料**：审计师张楠在对应收账款余额进行函证。张楠首先要求被审计单位提供应收账款明细账户名称，并从中任意抽取三个客户作为函证对象。张楠要求被审计单位的会计人员小李从网上下载一份积极式询证函模板，并要求小李填列三个客户的信息后将询证函直接寄送给客户。为了节约时间，张楠让小李把回函地址定为被审计单位财务部，并由小李接收。规定的回函截止期过后，小李将三个客户的回函交给张楠。张楠检查函证后认为，回函结果表明被审计单位的应收账款中不存在错报，于是将回函交给小李保管，并在审计工作底稿中记录了回函的去向。

要求回答：你认为上述审计活动中哪些地方需要改进？

项目五

资产审计

任务一 流动资产审计

一、单项选择能力训练

1. 对库存现金实有数额的审计应通过对库存现金实施（　　）进行。
   A. 审阅　　　　B. 核对　　　　C. 分析　　　　D. 监盘
2. 会计人员应定期轮岗,是（　　）的要求。
   A. 会计核算　　　　　　　　B. 企业经营管理
   C. 内部控制　　　　　　　　D. 人事管理
3. 盘点库存现金是证实库存现金（　　）的一项重要程序。
   A. 是否完整　　　　　　　　B. 是否存在
   C. 计算是否正确　　　　　　D. 截止期是否正确
4. 资产负债表日后进行库存现金盘点时,应将盘点结果调整至（　　）的金额。
   A. 审计日　　　　　　　　　B. 审计报告日
   C. 盘点日　　　　　　　　　D. 资产负债表日
5. 抽查大额库存现金收支时通常编制（　　）。
   A. 抽查表　　　　　　　　　B. 程序表
   C. 审定表　　　　　　　　　D. 明细表
6. 一般单位的库存现金限额为（　　）天的日常零星开支量。
   A. 1—3　　　　　　　　　　B. 3—5
   C. 5—7　　　　　　　　　　D. 7—10
7. 审查库存现金收支业务的真实性、合法性,重点应审查（　　）。
   A. 记账凭证　　　　　　　　B. 原始凭证
   C. 日记账　　　　　　　　　D. 总账
8. 核实银行存款实有数额,采用（　　）或派人到开户银行取得决算日企业在银行存款数额的证明方法。
   A. 审阅　　　　B. 函证　　　　C. 核对　　　　D. 监盘

9. 下列不属于银行存款函证对象的是(　　)。
   A. 本年存过款的所有银行
   B. 存款账户已结清的银行
   C. 已直接取得了银行对账单和所有已付支票的银行
   D. 往来单位的开户银行

10. 被审计单位动用银行存款支付伪造的并未收到原材料的款项,审计人员可以采用(　　)的程序予以发现。
    A. 向银行函证
    B. 从卖方发票追查至银行存款日记账
    C. 调阅银行对账单
    D. 从银行存款日记账追查至卖方发票

11. 会计人员编制的银行存款余额调节表的内容,只包括(　　)。
    A. 记账错误
    B. 应予以纠正的差错
    C. 未达账项
    D. 发生的舞弊

12. 如果被审计单位的某开户银行账户余额为零,审计人员(　　)。
    A. 不需要再向该银行函证
    B. 仍需向该银行函证
    C. 可根据需要确定是否向该银行函证
    D. 可根据审计业务约定书的要求确定是否向该银行函证

13. 验证银行存款收付截止日期是为了(　　)。
    A. 确保所有已开出支票均已记账
    B. 确保所有收款均已入账
    C. 确保银行存款余额的正确性
    D. 以上均正确

14. 审计人员审查被审计单位应收账款时,对往来单位 Y 公司所欠 25 万元账款进行函证。Y 公司回函称已于 9 月份预付货款 30 万元,足以抵付欠款。审计人员进一步审查后,如果确认预收款可以抵付,则应提请被审计单位调整账项为(　　)。
    A. 借记预收账款 25 万元,贷记应收账款 25 万元
    B. 借记预收账款 30 万元,贷记应收账款 30 万元
    C. 借记预收账款 5 万元,贷记应收账款 5 万元
    D. 借记应收账款 25 万元,贷记预收账款 25 万元

15. 审查应收账款是否真实、准确,最重要和具有决定性意义的方法是(　　)。
    A. 调节法
    B. 审阅法
    C. 函证法
    D. 分析复核法

16. 应收账款实质性审查过程中,控制函证过程的人员是(　　)。
    A. 会计人员
    B. 内部审计人员
    C. 外部审计师
    D. 账务处理人员

17. 对应收账款内部控制建立和运行负有主要责任的人员是(　　)。
    A. 财务主管
    B. 内部审计人员
    C. 外部审计人员
    D. 账务处理人员

18. 审计人员运用分析方法检查存货的总体合理性时应采用的指标是（　　）。
   A. 流动比率　　　　　　　　　　B. 应收账款周转率
   C. 资产负债率　　　　　　　　　D. 存货周转率
19. 审计人员对被审计单位进行存货监盘可以达到的审计目标是（　　）。
   A. 证实存货计价的合理性　　　　B. 证实存货账务处理的正确性
   C. 证实存货采购成本的正确性　　D. 证实存货的存在性
20. 在对被审计单位存货进行监盘时，审计人员应当做的是（　　）。
   A. 指挥盘点工作的进行　　　　　B. 作为盘点小组成员进行盘点
   C. 监督盘点工作的进行　　　　　D. 亲自编制盘点表
21. 抽查被审计单位日常盘点记录的目的是确定（　　）。
   A. 存货价值的真实性　　　　　　B. 存货内部控制的有效性
   C. 存货计价方法的一致性　　　　D. 账实是否相符
22. 某企业2022年3月20日产成品A的实际盘存数量为220件。从2022年1月1日起至2022年3月20日盘点时止，产成品A的完工数量为400件，销售发出数量为300件，可以确认该企业2021年12月31日产成品A的实际数量为（　　）。
   A. 220件　　　　　　　　　　　B. 320件
   C. 120件　　　　　　　　　　　D. 520件
23. 注册会计师观察被审计单位存货盘点的主要目的是（　　）。
   A. 查明被审计单位是否漏盘某些重要的存货项目
   B. 鉴定存货的质量
   C. 了解盘点指示是否得到贯彻执行
   D. 获得存货期末是否实际存在及其状况的证据
24. 下列不属于存货成本计价测试内容的是（　　）。
   A. 直接材料成本的审计　　　　　B. 直接人工成本的审计
   C. 主营业务成本的审计　　　　　D. 制造费用的审计

二、多项选择能力训练

1. 被审计单位货币资金内部控制中存在缺陷的有（　　）。
   A. 经授权后办理资金业务　　　　B. 收付款业务与审核相互独立
   C. 由财务主管保管支票和印章　　D. 经部门主管批准后可以坐支
2. 库存现金盘点表应该反映的事项包括（　　）。
   A. 库存现金实际盘点数　　　　　B. 盘点日库存现金日记账结余数
   C. 库存现金账实是否相符　　　　D. 盘点日银行存款日记账结余数
3. 对被审计单位银行存款收支进行截止期测试时，审计人员可以实施的审计程序有（　　）。
   A. 核对银行存款日记账和总账余额是否相符
   B. 抽查与银行存款有关的往来账户，并审查相应业务的合法性
   C. 审阅支票，检查年末前送存银行的支票的记录日期

D. 查阅决算日后银行对账单中第一周的银行存款收入,核实银行存款日记账
E. 查验决算日签发的最后一张支票序号,并检查此序号前的支票是否均已寄出

4. 抽查收款凭证,目的是(   )。
   A. 核对账证记录日期及金额是否相符
   B. 核对收款凭证与银行对账单是否相符
   C. 查明库存现金是否及时、全额入账
   D. 查明账证表的一致性
   E. 查明支票、汇票是否及时解缴银行

5. 抽查付款凭证,目的是(   )。
   A. 检查有无审批授权
   B. 验证签章人是否符合授权层次范围
   C. 核对账证表的一致性
   D. 核对付款凭证与银行对账单的一致性
   E. 核对付款凭证与发票、应付账款明细账的一致性

6. 评审内部控制时,审计人员认为被审计单位应分离的职务有(   )。
   A. 登记库存现金日记账与银行存款日记账
   B. 登记银行存款日记账与保管支票
   C. 保管支票与保管印章
   D. 登记库存现金及银行存款日记账与登记总账和明细账

7. 货币资金的审计目标包括(   )。
   A. 货币资金的真实性   B. 收付业务的合法性
   C. 外币计价的准确性   D. 控制措施的可行性
   E. 账务处理的正确性

8. 关于库存现金的监盘,正确的做法是(   )。
   A. 应由出纳员将库存现金全部放入保险柜暂行封存
   B. 事先通知出纳员做必要准备
   C. 盘点库存现金的时间一般安排在营业前或营业后
   D. 清点库存现金时,会计主管人员和审计人员在旁边观察监督

9. 审查某单位决算日银行存款余额调节表,银行对账单与银行存款日记账余额有300万元差额,其原因可能有(   )。
   A. 存在未达账项   B. 被审计单位会计记录错误
   C. 存款提前入账   D. 开户银行记录错误
   E. 存款余额不足

10. 为证实资产负债表所列的货币资金是否存在,应采用监盘库存现金的程序。参与盘点的人员有(   )。
    A. 被审计单位出纳员   B. 被审计单位管理层
    C. 审计人员   D. 被审计单位会计机构负责人

11. 下列对监盘库存现金的表述,正确的是(   )。
    A. 监盘库存现金是证实资产负债表所列库存现金是否存在的一项重要程序

B. 实施突击性检查,时间最好是上午上班之前或下午下班时
C. 在盘点之前,应由审计人员将库存现金集中起来
D. 对库存现金存放部门有两处或两处以上的,应同时进行盘点

12. 审计人员在盘点库存现金时,不应实施(　　)性的检查,时间最好选在上午上班前或下午下班时。
    A. 突击　　　　　　　　　　　B. 定期
    C. 通知　　　　　　　　　　　D. 计划

13. 按照内部控制的要求,出纳员不得兼管(　　)。
    A. 会计档案的保管工作
    B. 收入、支出、费用账簿的登记工作
    C. 债权、债务账簿的登记工作
    D. 现金收据的开具工作

14. 盘点库存现金一般应有(　　)参加。
    A. 被审计单位主管会计　　　　B. 被审计单位副总经理
    C. 被审计单位出纳员　　　　　D. 审计人员或助理人员

15. 下列行为违反国家对现金管理有关规定的有(　　)。
    A. 坐支　　　　　　　　　　　B. 出借银行账户
    C. 套用银行信用　　　　　　　D. 以现金向农民收购农副产品

16. 复核现金付款凭证的内容主要是复核现金支出的(　　)。
    A. 合法性　　　　　　　　　　B. 合理性
    C. 真实性　　　　　　　　　　D. 科学性

17. 注册会计师寄发的银行询证函(　　)。
    A. 是以被审计单位的名义发往开户银行的
    B. 是以会计师事务所的名义发往开户银行的
    C. 要求银行直接回函至会计师事务所
    D. 包括银行存款和借款余额

18. 下列各项,属于银行存款函证内容的有(　　)。
    A. 各银行存款户余额　　　　　B. 银行贷款余额
    C. 银行贷款担保或抵押情况　　D. 各银行存款户性质

19. 注册会计师对被审计单位已发生的销货业务是否均已登记入账进行审计时,常用的控制测试程序有(　　)。
    A. 检查发运凭证连续编号的完整性
    B. 检查赊销业务是否经过授权批准
    C. 检查销售发票连续编号的完整性
    D. 观察已经寄出的对账单的完整性

20. 审计人员对未发询证函的应收账款,应抽查有关的(　　)等原始凭证。
    A. 销售合同　　　　　　　　　B. 销售订单
    C. 销售发票副本　　　　　　　D. 出库凭证和发运凭证

21. 函证应收账款时,积极式询证函经二次发出仍不回复,有可能是(　　)。
    A. 账款已还,不愿再回复或询证函邮寄丢失
    B. 根本不存在客户
    C. 客户发生重大财务困难或已破产
    D. 被审计单位提供的地址错误
22. 审计某企业应收账款时发现一笔款项 230 万元,账龄已超过 2 年,审计人员对此项应收账款采取的进一步审查措施是(　　)。
    A. 向欠款单位发函询证　　　　　B. 认定为坏账
    C. 查阅销售合同　　　　　　　　D. 审查发货凭证
23. 一般情况下,当债务人符合以下(　　)条件时,可以采用清极式函证。
    A. 相关的内部控制是有效的
    B. 预计差错率较低
    C. 欠款余额小的债务人数量很多
    D. 审计人员有理由相信大多数被函证者能认真对待询证函
24. 某企业 2021 年 12 月 30 日采购一批货物并验收入库,2022 年 1 月收到购货发票,2022 年 2 月支付货款,企业在收到购货发票前未做账务处理。审计人员可以据此判断该企业(　　)。
    A. 2021 年年末货币资金被高估　　B. 2021 年年末存货被低估
    C. 2021 年年末负债被低估　　　　D. 2021 年度营业收入被高估
25. 下列属于存货控制措施的是(　　)。
    A. 限制非授权人员接近存货　　　B. 存货保管与会计记录相互独立
    C. 定期盘点　　　　　　　　　　D. 抽查账龄分析表
26. 监督存货盘点的过程中,审计人员采取的措施包括(　　)。
    A. 参与盘点计划制订　　　　　　B. 抽查盘点记录
    C. 查验存货质量　　　　　　　　D. 验证明细账
27. 注册会计师在审计时,认为构成存货成本的事项有(　　)。
    A. 购买材料运输途中发生的合理损耗
    B. 购买材料的运杂费
    C. 小规模纳税人购进材料支付的增值税
    D. 存货生产期间发生的符合资本化条件的借款费

三、判断能力训练

1. 销售单位需要赊销的,须由销售部门进行审核批准。　　　　　　　　　(　　)
2. 客户对账单是购货方定期寄给客户核对账目的凭据。　　　　　　　　　(　　)
3. 审计人员分析应收账款的账龄及余额构成,其目的是选取账龄长、金额大的应收账款向债务人进行函证。　　　　　　　　　　　　　　　　　　　　　　　(　　)
4. 审计人员可以根据需要将两种函证方式结合起来使用。　　　　　　　　(　　)
5. 审计人员对未发询证函的应收账款应抽查有关原始凭证,以验证应收账款的完

整性。（　）

6. 审计人员对企业应收账款进行分析的目的在于取得应收账款可收回性及坏账准备充分性方面的证据。（　）

7. 如果函证的应收账款无差异，则表明应收账款余额正确。（　）

8. 对应收账款进行审计时，审计人员应提请被审计单位协助在应收账款明细表上标出至审计时已收回的应收账款金额。（　）

9. 对应收账款进行审查时，审计人员应在审查应收账款账户记录数额正确的基础上，进一步对应收账款的数额进行调节。（　）

10. 监盘库存现金通常采用突击的方式进行，现金保管人员不必始终在场。（　）

11. 监盘库存现金必须有出纳员和被审计单位会计机构负责人参加，并由审计人员亲自进行盘点。（　）

12. 盘点库存现金是证实资产负债表所列的货币资金是否存在的一项重要程序。（　）

13. 票据、印章应由专人管理，但严禁一人掌管支付款项的全部有关印章。（　）

14. 盘点库存现金的范围仅限于出纳保险柜里存放的现金。（　）

15. 对于银行存款实有数额的核实，可派人到开户银行实地取得决算日企业在银行存款的数额。（　）

16. 通过对银行存款余额调节表的审查，可以验证期末存款的真正余额。（　）

17. 银行存款函证不包括未入账的银行借款。（　）

18. 被审计单位有投资者投入的存货没有入账，审计人员建议其按投资合同或协议确认的价值作为实际成本。（　）

19. 自制存货的成本包括原材料、直接人工和制造费用。（　）

20. 对于购货业务，购货企业即使享受现金折扣，也应按总价法确认应付账款的入账价值。（　）

21. 对于存货发出成本的计价方法，企业一旦选定，不得随意变更。（　）

22. 发出存货的主要原始凭证是领料单。（　）

23. 对于客户代为保管的外单位存货，审计人员也应要求盘点，并与客户的存货适当分开。（　）

24. 审计人员如果在检查存货盘点结果时发现差异较大，应要求被审计单位对所有存货重新进行盘点。（　）

25. 注册会计师如果对被审计单位的盘点程序不满意，应当实施实质性的盘点程序。（　）

四、案例题

案例一

资料：2022年2月8日下午4点，注册会计师A和B对海琳公司的库存现金进行突击盘点。相关记录如下：

（1）人民币：100元币11张,50元币9张,20元币5张,10元币16张,5元币19张,1元币69张,5角币30张,1角币49张,1分硬币8枚。

（2）已收款尚未入账的收款凭证2张,计423.78元。

（3）已付款尚未入账的付款凭证3张,计820元,其中500元是白条。

（4）2022年2月8日库存现金日记账余额为1 890.20元,2021年12月31日至2022年2月8日收入现金4 560.16元,付出现金3 730元,2021年12月31日库存现金账面余额为1 060.04元。

（5）开户银行核定的库存现金限额为1 000元。

要求：根据上述资料编制库存现金监盘表,如下表所示,指出该公司管理存在的问题。

库存现金监盘表

被审计单位：__略__	索引号：
项目：	财务报表截止日/期间：
编制：	复核：
日期：	日期：

检查盘点记录			实有库存现金盘点记录		
项目	项次	人民币/元	面额	人民币	
				数量/张（枚）	金额/元
上一日账面库存现金余额	①				
盘点日未记账凭证收入金额	②		100元		
盘点日未记账凭证支出金额	③		50元		
盘点日账面应有库存现金金额	④=①+②-③		20元		
盘点日实有库存现金金额	⑤		10元		
盘点日应有与实有差额	⑥=④-⑤		5元		
差异原因分析	白条抵库		1元		
			0.5元		
			0.1元		
			0.01元		
			合计		
追溯调整	报表日至审计日库存现金付出总额				
	报表日至审计日库存现金收入总额				
	报表日库存现金应有余额				

审计说明：

案例二

资料：注册会计师 A 和 B 对海琳公司 2021 年 12 月 31 日的资产负债表进行审计。在审查资产负债表"货币资金"项目时，发现该公司 2021 年 12 月 31 日的银行存款账面余额为 35 000 元，派审计助理人员向开户银行取得对账单一张，2021 年 12 月 31 日的银行存款余额为 42 000 元。另外，查有下列未达账款和记账差错：

（1）12 月 23 日，公司送存转账支票 5 800 元，银行尚未入账。

（2）12 月 24 日，公司开出转账支票 5 300 元，持票人尚未到银行办理转账手续。

（3）12 月 25 日，公司委托银行收款 10 300 元，银行已收妥入账，但收款通知书尚未到达公司。

（4）12 月 30 日，银行代付水费 3 150 元，但银行付款通知单尚未到达公司。

（5）12 月 15 日，公司收到银行销售收款通知单，入账时将银行存款增加数 3 850 元，错记成 3 500 元。

要求：根据上述资料编制银行存款余额调节表，核实 2021 年 12 月 31 日资产负债表上"货币资金"项目中银行存款数额的正确性。

银行存款余额调节表

被审计单位：___略___	索引号：
项目：	财务报表截止日/期间：
编制：	复核：
日期：	日期：

项目	金额/元	调节项目说明	是否需要审计调整
银行对账单余额			
加：企业已收、银行尚未入账合计金额			
其中：1. 公司送存			
2.			
减：企业已付、银行尚未入账合计金额			
其中：1. 开出转账支票			
2.			
调整后银行对账单余额			
企业银行存款日记账余额			
加：银行已收、企业尚未入账合计金额			
其中：1. 银行已收、企业漏记			
2. 委托收款			
减：银行已付、企业尚未入账合计金额			
其中：1. 水电费			
2.			
调整后企业银行存款日记账余额			

审计说明：

案例三

资料：注册会计师 A 和 B 对海琳公司 2021 年 12 月 31 日的资产负债表进行审计。注册会计师 A 负责审计货币资金项目,海琳公司在总部和营业部均设有出纳部门。为顺利监盘库存现金,注册会计师 A 在监盘前一天通知海琳公司会计主管人员做好监盘准备。考虑到出纳员日常工作安排,对总部和营业部库存现金的监盘时间分别定在上午十点和下午三点。监盘时,出纳员把现金放入保险柜,并将已办妥现金收付手续的交易登入库存现金日记账,结出库存现金日记账余额;然后,注册会计师 A 当场盘点现金,在与库存现金日记账核对后填写"库存现金监盘表",并在签字后形成审计工作底稿。

要求：请指出上述库存现金监盘工作中有哪些不当之处,并提出改进建议。

案例四

资料：在对海琳公司 2021 年度会计报表进行审计时,注册会计师 A 负责审计应收账款,应收账款的可容忍错报是 3 万元。注册会计师 A 对截止日为 2021 年 12 月 31 日的应收账款实施了函证程序,具体情况如下：

(1) 截至 2021 年 12 月 31 日,4 000 笔共计 400 万元应收账款中,注册会计师 A 选择 400 笔应收账款进行函证,其中 12 笔应收账款共计 24 万元 H 公司不同意函证,注册会计师 A 对 108 笔共计 52 万元的应收账款实施了积极式函证,对 280 笔共计 4 万元的应收账款实施了消极式函证。

(2) 收到积极式函证回函,证实相符的有 88 笔,共计 36 万元,不符的有 4 笔,共计 2 万元,因地址错误询证函被邮局退回的有 2 笔,共计 5 万元;未回函或收到消极式函证回函确认无误的有 240 笔,共计 3.2 万元,回函发现不符的有 40 笔,共计 0.8 万元。由于询证函回函不符金额 2.8 万元低于可容忍错报,注册会计师 A 认为海琳公司的应收账款得到了公允反映。

要求：
1. 在本案例中,注册会计师 A 实施的函证程序及其结论存在哪些缺陷?
2. 注册会计师在选择应收账款函证样本时,应当如何考虑?

案例五

资料： 飞泰公司设立于 2021 年 7 月，从事零售连锁业务。金隆会计师事务所于 2022 年 11 月 30 日接受委托，承接了飞泰公司 2022 年度财务报表审计业务。注册会计师 C 接受金隆会计师事务所指派，负责该项审计业务。2022 年 12 月中旬，注册会计师 C 在对飞泰公司进行预审的过程中，获知以下情况并对存货监盘做出了相应安排：

（1）公司拥有 120 家连锁店，遍布 30 个城市。由于连锁店多，注册会计师不可能参与每家连锁店的实地盘点，就根据飞泰公司的内部控制和盘点惯例，确定了 10 家连锁店进行监盘。

（2）注册会计师事先通知飞泰公司其选定进行监盘的连锁店，飞泰公司要求注册会计师更换其中 1 家连锁店 W，原因是交通不便。

（3）飞泰公司要求于 2022 年 12 月 31 日对 120 家连锁店按照公司统一部署实施盘点，填写盘点表并传真回公司，经公司的货运部门审核后，由财务部门核对确认。

（4）截至 2022 年 12 月 31 日，飞泰公司共计有 12 辆厢式货车正在购进、销售或发往各地连锁店，飞泰公司提供了装运凭证、运输情况表等，要求注册会计师确定其为在途存货。

（5）飞泰公司委托物流公司 B 代保管其统一采购调剂的商品，飞泰公司向注册会计师提供了委托保管协议、物流公司 B 定期盘点表，要求注册会计师确认这部分存货。

要求：

1. 针对飞泰公司要求注册会计师更换其中 1 家连锁店 W，注册会计师的监盘安排是否妥当？并说明原因。

2. 判断对于飞泰公司的要求，注册会计师是否可以答应，并指出应如何应对。

3. 针对第（4）项，注册会计师还应当实施什么程序？应当关注哪些事项？

任务二　非流动资产审计

一、单项选择能力训练

1. 将固定资产购建支出混入已销产品的成本,会导致当期(　　)。
   A. 利润虚减　　　　　　　　B. 利润虚增
   C. 生产费用虚减　　　　　　D. 所得税虚增

2. 下列各项,不是固定资产增加审计重点的是(　　)。
   A. 入账价格　　　　　　　　B. 入账时间
   C. 使用的会计科目　　　　　D. 折旧年限

3. 计提折旧的范围不包括(　　)。
   A. 本月增加的部分　　　　　B. 厂房
   C. 临时维修的设备　　　　　D. 融资租入的设备

4. 实地盘点固定资产,主要目的是确定固定资产的(　　)。
   A. 存在性　　　　　　　　　B. 计价合理性
   C. 折旧计提基础　　　　　　D. 报表披露恰当

5. 审计人员发现丙公司于2022年6月对一建筑物进行了改扩建。该建筑物的账面原值为2 000万元,已提折旧800万元,减值准备为0。在改扩建过程中,取得变价收入50万元,领用工程物资300万元,发生其他支出100万元,丙公司确认改扩建后的建筑物入账价值为2 400万元。针对改扩建后建筑物的入账价值,假定不考虑相关税费,审计人员应建议丙公司做(　　)的调整。
   A. 调减固定资产800万元　　B. 调减固定资产850万元
   C. 调减固定资产750万元　　D. 调减固定资产50万元

6. 为了证实实存于被审计单位的固定资产的所有权,审计人员应重点审查的是(　　)。
   A. 固定资产总账　　　　　　B. 固定资产明细账
   C. 契约、产权证明书、发票等凭证　　D. 固定资产和累计折旧分类汇总表

7. 为了验证固定资产的所有权,审计人员应当采取的审计程序是(　　)。
   A. 对固定资产进行监盘
   B. 检查固定资产购买合同、发票、产权证明等文件
   C. 检查固定资产入账价值是否正确
   D. 检查固定资产计提折旧的范围是否符合规定

8. 将固定资产采购与验收的职责相互分离,所要达到的目的是(　　)。
   A. 防止篡改会计记录　　　　B. 保证设备购置符合采购合同
   C. 防止不合理的采购申请　　D. 防止使用部门低价变卖

9. 实地观察固定资产可以达到的审计目标有(   )。
   A. 证实固定资产的真实性　　　　B. 证实固定资产的完整性
   C. 证实固定资产交易事项的合法性　　D. 确定固定资产的所有权
10. 对固定资产审查的主要目标不应包括(   )。
    A. 确定折旧额计算是否正确　　　B. 确定折旧政策是否符合会计准则
    C. 确定折旧方法是否一贯　　　　D. 确定固定资产增减是否符合预算
11. 对被审计单位固定资产折旧分析时,审计人员认为折旧计提不足的部分是(   )。
    A. 累计折旧与固定资产原值的比值较大
    B. 应计折旧的固定资产账面值很大
    C. 固定资产保险费用支出较大
    D. 经常发生大额固定资产清理损失
12. 审计人员现场观察,发现被审计单位经营用房屋扩建部分已投入使用2年。审计人员进一步审查账面记录,得知其仍在"在建工程"科目中反映,正确的处理应为(   )。
    A. 记作固定资产但不得计提折旧　　B. 记作固定资产并计提折旧
    C. 被审计单位记录正确　　　　　　D. 记作在建工程但要计提折旧
13. 审计人员审查固定资产项目,发现被审计单位购入需要安装的设备,按采购成本368万元直接计入固定资产科目,运杂费及安装费计入管理费用。此项处理(   )。
    A. 正确
    B. 错误,运杂费应计入营业费用
    C. 错误,运杂费及安装费应计入固定资产价值
    D. 错误,安装费应计入营业费用
14. 下列各项,应计提折旧的是(   )。
    A. 经营租入的固定资产
    B. 已提足折旧继续使用的固定资产
    C. 已建成未使用的房屋、建筑物以外的固定资产
    D. 当月增加的固定资产
15. 审查T公司夏季使用的空调设备,总价值12万元,预计使用期10年,残值为0,按实际使用月份(6—9月)计提折旧3 000元。该项业务处理(   )。
    A. 正确　　　　　　　　　　　B. 错误,应为12 000元
    C. 错误,应为9 000元　　　　　D. 错误,应为4 000元
16. 在固定资产审计中,由被审计单位处理的业务为(   )。
    A. 复核折旧计算
    B. 验证资产计价的正确性
    C. 组织盘点
    D. 编制固定资产及累计折旧分类汇总表
17. 审查无形资产摊销额时,审计人员应根据已确认的无形资产成本价值和摊销期限,复核其计算的正确性,并确定是否转入(   )。
    A. 财务费用　　　　　　　　　B. 管理费用
    C. 销售费用　　　　　　　　　D. 无形资产摊销

18. 下列有关无形资产摊销和减值的表述,错误的是( )。
    A. 使用寿命不确定的无形资产不摊销
    B. 无形资产可以采用年限平均法摊销
    C. 无形资产减值不会影响摊销额的计算
    D. 无形资产减值损失一经确认不得转回
19. 2021年8月1日,某企业开始研究开发一项新技术,当月共发生研发支出800万元,其中,费用化的金额650万元,符合资本化条件的金额150万元。8月末,研发活动尚未完成。该企业2021年8月应计入当期利润总额的研发支出为( )万元。
    A. 0   B. 150   C. 650   D. 800

二、多项选择能力训练

1. 实施实地观察固定资产审计程序,可以( )。
   A. 以固定资产明细账为起点   B. 以累计折旧明细账为起点
   C. 以实物为起点   D. 以固定资产总账为起点
2. 固定资产的审计目标应包括( )。
   A. 确定固定资产是否存在
   B. 确定固定资产及其累计折旧增减变动是否完整
   C. 确定固定资产预算是否合理
   D. 确定固定资产计价和折旧政策是否恰当
3. 当期发生的下列事项,不影响当期损益的有( )。
   A. 在建工程领用本企业生产的商品应交的所得税
   B. 在建工程领用本企业生产的商品应交的增值税
   C. 由于非正常原因,在建工程项目全部报废所发生的损失
   D. 在建工程试运营过程中所取得的收入
4. 审计人员实地观察是为了( )。
   A. 确定固定资产的存在   B. 确定固定资产的披露是否正确
   C. 确定固定资产的完整性   D. 验证固定资产的所有权
5. 审计人员针对某公司下列固定资产,认为应计提固定资产折旧的有( )。
   A. 以经营租赁方式租出的固定资产
   B. 未使用的固定资产
   C. 提前报废的固定资产
   D. 大修理停用的固定资产
6. 对于被审计单位经营租入的固定资产,审计人员不应专门审查的有( )。
   A. 固定资产的租赁合同、协议
   B. "固定资产"账户的核算情况
   C. 租入固定资产提取的折旧额是否正确
   D. 租入固定资产有无变相馈赠情况
7. 在查验固定资产的所有权时,为了确定某固定资产确实属丙公司所有,审计人员审

查了有关凭证。下列各项,可用以证明丙公司固定资产所有权的有(　　)。
    A. 产权证明书　　　　　　　　　B. 固定资产明细账
    C. 财产税单　　　　　　　　　　D. 购货发票

8. 审计人员发现被审计单位对下列固定资产计提了折旧,其中违反相关规定的有(　　)。
    A. 以融资租赁方式租入的固定资产
    B. 以经营租赁方式租出的固定资产
    C. 已提足折旧还在继续使用的固定资产
    D. 因大修理而停止使用的设备
    E. 按照规定单独估价入账的土地

9. 对固定资产和累计折旧进行分析性复核的方法包括(　　)。
    A. 固定资产总值除以全年销售量,将该比率与以前年度相比较
    B. 比较本年度与以前各年度固定资产增加额和减少额
    C. 比较本年度各月份、本年度与以前各年度的修理费用
    D. 将本年度计提折旧额除以固定资产总值的比率与上年度计算数比较
    E. 分析比较各年度固定资产保险费,查明变动有无异常

10. 运用分析性复核法审查固定资产折旧时,有关比率和项目包括(　　)。
    A. 将本期累计折旧与计划累计折旧比较
    B. 将应计折旧的固定资产乘以本期的折旧率
    C. 计算本期计提折旧额占固定资产原值的比例,并与上期比较
    D. 计算本期计提折旧额占固定资产原值的比例
    E. 将成本费用中折旧费用明细记录与"累计折旧"账户贷方的本期折旧计提额比较

11. 审查固定资产折旧时发现下列情况,其中正确的是(　　)。
    A. 经批准使用加速折旧法,对全部固定资产按双倍余额递减法计提折旧
    B. 对本月增加的已入账且投入使用的固定资产未计提折旧
    C. 对未使用的房屋及机器设备不计提折旧
    D. 对以前已经估价单独入账的土地不计提折旧

12. 下列项目属于无形资产审计范围的是(　　)。
    A. 专利权　　　B. 商标权　　　C. 土地　　　D. 商誉

13. 审查无形资产增加时,应审查其主要增加途径(　　)增加的无形资产的计价是否正确。
    A. 租入　　　B. 购入　　　C. 投资转入　　　D. 自行开发

三、判断能力训练

1. 固定资产审计中,实地盘点的重点是本期新增加的固定资产,但在内部控制制度不健全或无效时,审计人员应对固定资产进行全面实地盘点。(　　)

2. 固定资产单位价值高,比较重要,因而在审计中需要的审计时间较多,审计方法也比

较复杂。   (   )

3. 若被审计单位以往未经审计人员审查,那么审计人员应对固定资产期初余额进行全面审计。   (   )

4. 审计人员对固定资产进行实地观察时,可以以固定资产明细账为分类起点,重点观察本期新增加的重要固定资产。   (   )

5. 对于已达到预定可使用状态但尚未办理竣工结算手续的固定资产,应按估计价值暂估入账,并计提折旧,待办理了竣工结算手续后,再按照实际成本调整原来的暂估入账价值,并调整原已计提的折旧额。   (   )

四、案例题

案例一

资料:金隆会计师事务所于 2022 年 11 月 30 日接受委托,承接了飞泰公司 2022 年度财务报表审计业务。2022 年 2 月 11 日,审计人员 A 在审计 2021 年 12 月"固定资产"和"累计折旧"项目时,发现下列情况:

(1) 12 月 15 日,购入管理用复印机 2 台,价款 38 000 元,预计使用寿命 10 年,预计净残值 2 000 元,12 月计提折旧 300 元。

(2) 12 月 2 日,交付外单位大修理用的仪器一台,飞泰公司未对该仪器计提折旧,该仪器采用年限平均法计提折旧,11 月该仪器计提折旧 1 000 元。

(3) 11 月 15 日,购入不需要安装的管理用设备一台,当月投入使用。该设备使用寿命 10 年,预计净残值为 0,采用年限平均法计提折旧,价款(含税)为 113 000 元,运杂费为 3 600 元。飞泰公司所做的会计分录为:

借:固定资产   113 000
　　管理费用   3 600
　　贷:银行存款   116 600

要求:请思考该公司存在哪些问题,请代替审计人员提请该公司调整会计处理。

案例二

资料:注册会计师在 2022 年 2 月 20 日审查祥和公司 2021 年度固定资产时,发现一张转账凭证,其会计分录为:

借:营业外支出——非常损失   600 000

　　　　累计折旧　　　　　　　　　　　　　　　　　　　　　100 000
　　　　固定资产减值准备　　　　　　　　　　　　　　　　　100 000
　　　贷：固定资产　　　　　　　　　　　　　　　　　　　　　　800 000

注册会计师调阅了该固定资产卡片，发现该固定资产实际使用寿命只有一年。经多次询问祥和公司有关人员，得知该固定资产在购入后不久因公司转产而被闲置，公司于2021年11月5日将其变卖，变卖价款50万元归入公司"小金库"。

（1）借：固定资产清理　　　　　　　　　　　　　　　　　　600 000
　　　　累计折旧　　　　　　　　　　　　　　　　　　　　　100 000
　　　　固定资产减值准备　　　　　　　　　　　　　　　　　100 000
　　　贷：固定资产　　　　　　　　　　　　　　　　　　　　　　800 000
（2）借：银行存款　　　　　　　　　　　　　　　　　　　　　500 000
　　　贷：固定资产清理　　　　　　　　　　　　　　　　　　　　500 000
（3）借：营业外支出　　　　　　　　　　　　　　　　　　　　100 000
　　　贷：固定资产清理　　　　　　　　　　　　　　　　　　　　100 000

要求：指出上述会计处理存在的问题并提出审计建议和调整分录。

项目六

负债审计与所有者权益审计

任务一 流动负债审计

一、单项选择能力训练

1. 工薪业务循环过程形成的文件按业务顺序依次为( )。
   A. 人员调配单、工资单、生产统计表
   B. 考勤表、工资费用分配表、工资结算汇总表
   C. 人员调配单、考勤表、工资结算表、工资费用分配表
   D. 人员调配单、记账凭证、工资结算表

2. 被审计单位对下列工资费用的分配,应确认为错误的是( )。
   A. 营销人员工资计入制造费用
   B. 车间主任工资计入制造费用
   C. 设备维修人员工资计入生产成本
   D. 仓库保管人员工资计入管理费用

3. 被审计单位生产多种产品时,生产人员的计时工资应按( )进行适当分配。
   A. 实际产量   B. 计划产量
   C. 产量及单价   D. 定额工时或实耗工时

4. 年末被审计单位"应付职工薪酬"总账借方余额5万元,表示( )。
   A. 少付工资   B. 资产减少
   C. 多付工资   D. 记账错误

5. 下列各项,不应通过"应付职工薪酬"科目核算的是( )。
   A. 长病假人员的工资   B. 支付给职工的生活困难补助
   C. 支付给退休人员的退休费   D. 支付给职工的价格补贴

6. 审计人员在审计时,发现被审计单位存在确实无法支付的应付账款,应建议将其转入( )科目。
   A. "其他业务收入"   B. "资本公积"
   C. "盈余公积"   D. "营业外收入"

7. 下列审计应付账款的程序,审计人员可完全交由客户办理的是( )。
   A. 抽查应付账款明细账,并加以汇总
   B. 检查应付账款披露的恰当性
   C. 编制应付账款明细表
   D. 选择应付账款对象并邮寄询证函

8. 审计"应付账款"账户的余额,其目的并不在于( )。
   A. 确定应付账款的发生和偿还记录的完整性
   B. 验证应付账款是否经适当核准
   C. 验证应付账款期末余额的正确性
   D. 确定应付账款披露的恰当性

9. 审计人员在检查应付账款项目的会计处理和报表披露情况时,发现 Y 公司对应付账款业务进行了下列处理和披露,其中需要提醒 Y 公司调整或改正的是( )。
   A. 对带有现金折扣的应付账款,已按发票上记载的全部应付金额入账,而在实际获得现金折扣后做了冲减财务费用的处理
   B. 在财务报表附注中对账龄超过 3 年的大额应付账款尚未偿还的原因进行具体说明,并进一步说明资产负债表日后仍未偿还的原因
   C. 对确实无法支付的应付账款,在取得充分依据并履行了必要的审批手续后,将其转入"资本公积"科目
   D. 在编制财务报表时,将"应付账款"和"预付账款"科目所属明细科目期末贷方余额的合计数列示在资产负债表的"应付账款"项目中

10. 在审查是否存在未入账的应付账款时,审计效果最佳的程序是( )。
    A. 向金额较大的债权人函证
    B. 审查每月应付账款金额和已入账进货之间有无非正常的比例关系
    C. 审查资产负债表日后收到的所有采购发票并追查至记账凭证
    D. 审查资产负债表日后应付账款明细账贷方发生额的有关凭证

11. 助理审计人员在对 A 公司 2021 年度预付账款进行审计时,发现预付 B 公司的款项长期挂账,助理人员证实 B 公司于 2021 年 7 月就已破产。助理人员的建议正确的是( )。
    A. 将预付账款调整为应收账款
    B. 将预付账款调整为其他应收款
    C. 将预付账款调整为营业外支出
    D. 应计提坏账准备

12. 应付账款审计工作底稿显示的下列准备实施的审计程序,不恰当的是( )。
    A. 由于函证应付账款不能保证查出未记录的应付账款,因此决定不实施应付账款的函证程序
    B. 由于应付账款控制风险较高,因此决定仍实施应付账款的函证程序
    C. 由于正常情况下应付账款很少被高估,因此应付账款一般不需要函证
    D. 由于应付账款容易被漏记,因此应对应付账款进行函证

13. 对（　　）进行审查最有可能发现未入账的应付账款。
    A. 购货发票　　　　　　　　　　B. 提货单
    C. 未支付账单　　　　　　　　　D. 发货记录

14. 某增值税一般纳税人当月销项税额合计 120 万元，进项税额合计 80 万元，进项税额转出 5 万元，预缴增值税 10 万元，则月末账务处理正确的是（　　）。
    A. 借：应交税费——应交增值税（已交税金）　　　　　　350 000
       　贷：应交税费——应交增值税（转出未交增值税）　　350 000
    B. 借：应交税费——应交增值税（转出多交增值税）　　　100 000
       　贷：应交税费——未交增值税　　　　　　　　　　　100 000
    C. 借：应交税费——应交增值税（转出未交增值税）　　　350 000
       　贷：应交税费——未交增值税　　　　　　　　　　　350 000
    D. 无须进行账务处理

15. 审计人员审查增值税时，可以认定违反税法规定的是（　　）。
    A. 销货退回时冲减销项税额
    B. 将购买设备相关增值税计入进项税额
    C. 将购料专用发票税金计入进项税额
    D. 将采购职工集体福利用品相关增值税计入进项税额

16. 增值税一般纳税人在月度终了，对本月发生尚未抵扣的增值税进项税额的会计处理方法是（　　）。
    A. 保留在"应交增值税"明细账户的借方
    B. 保留在"应交增值税"明细账户的贷方
    C. 将其转入"未交增值税"明细账户的贷方
    D. 将其转入"未交增值税"明细账户的借方

17. 不可以记入"税金及附加"账户的税费是（　　）。
    A. 消费税　　　　　　　　　　　B. 增值税
    C. 资源税　　　　　　　　　　　D. 城市维护建设税

18. 如果在审阅应付账款明细账时，发现应付账款明细账出现借方余额，且借方余额金额较大，审计人员应要求被审计单位（　　）。
    A. 调整账务　　　　　　　　　　B. 进行重分类调整
    C. 冲账　　　　　　　　　　　　D. 不进行处理

19. 审计人员在审计某企业应付账款时，发现应付某公司货款 400 万元，账龄 2 年以上，但经过查阅凭证，询问被审计单位有关人员，未能取得证据证明其存在性。审计人员下一步应当（　　）。
    A. 做出账实不符结论　　　　　　B. 向债权人进行函证
    C. 核对会计报表　　　　　　　　D. 直接调整账项

20. 为发现未列报或未入账的应付账款，除了审查决算日后货币资金支出凭证、应付账款账单、卖方对账单外，还需检查的凭证是（　　）。
    A. 决算日之前的领料单　　　　　B. 决算日之前的验收单
    C. 决算日之前的订购单　　　　　D. 决算日之前的请购单

二、多项选择能力训练

1. 审计人员测试被审计单位应付职工薪酬,要实现的主要目标是( )。
   A. 确认应付职工薪酬估价是否正确
   B. 确认应付职工薪酬是否记录在正确的会计期间
   C. 测试是否发生少报或漏报应付职工薪酬金额
   D. 确保不发生多计或虚构应付职工薪酬金额

2. 工薪业务循环内部控制测试中,对工资汇总环节的抽查包括( )。
   A. 抽查人员调配单
   B. 抽查考勤表
   C. 抽查工资单
   D. 抽查工资结算汇总表

3. 工薪业务循环内部控制中的职责分工主要包括( )。
   A. 工资管理部门与财会部门相互独立
   B. 考勤记录与审批相互独立
   C. 工资单的编制与审核相互独立
   D. 工资结算汇总表的编制与审核相互独立

4. 工薪业务循环的审计目标包括( )。
   A. 证实工薪业务的存在性和完整性
   B. 证实工薪业务的合法性
   C. 证实工资结算的准确性
   D. 证实账务处理的准确性

5. 运用分析性复核法检查应付工资总体合理性的主要内容和方法有( )。
   A. 分析销售与生产关系
   B. 分析比较近期各年度工资变动情况
   C. 分析比较本年各月份工资变动情况
   D. 将本年度产品生产成本中的人工费与以前年度的比较

6. 被审计单位将下列费用支出计入产品成本,其中应确认为错误的有( )。
   A. 生产人员工资
   B. 福利人员工资
   C. 管理人员工资
   D. 研究开发人员工资

7. 审计人员在获取了被审计单位提供的应付账款明细表后,应结合明细表实施的程序有( )。
   A. 复核加计数并与报表数、总账数和明细账数核对
   B. 检查非记账本位币应付账款的折算汇率及折算金额
   C. 分析出现借方余额的项目,查明原因
   D. 结合银行存款的贷方发生额检查相关凭证并确定是否真实偿付

8. 审计人员应根据被审计单位的实际情况,选( )方法对应付账款执行实质性分析程序。
   A. 将期末应付账款余额与期初余额进行比较,分析波动原因
   B. 分析长期挂账的应付账款,判断被审计单位是否缺乏偿债能力或利用应付账款隐瞒利润
   C. 计算应付账款与存货的比率、应付账款与流动负债的比率,并与以前年度相关的

比率进行对比分析,评价应付账款整体的合理性

D. 分析存货和营业成本等项目的增减变动,判断应付账款增减变动的合理性

9. 审计人员为验证被审计单位应付账款的存在,可以通过( )程序进行测试。

A. 将应付账款清单加总

B. 从应付账款清单追查至卖方发票和卖方对账单

C. 函证应付账款,重点是大额、异常项目

D. 对未列入本期的负债进行测试

10. 注册会计师对应付账款进行函证,通常的函证对象包括( )。

A. 所有应付账款的付款对象

B. 金额较大的应付账款债权人

C. 应付账款明细账期末余额为零但为企业的重要供货商

D. 所有应付账款的债权人都不需要函证

11. 审计人员为证实Q公司应付账款的发生和偿还记录是否完整,应实施适当的审计程序,以查找未入账的应付账款。下列各项审计程序,可以实现上述审计目标的有( )。

A. 结合存货监盘,检查Q公司在资产负债表日是否存在有材料入库凭证但未收到采购发票的业务

B. 抽查Q公司本期应付账款明细账贷方发生额,核对相应采购发票和验收单据,确认其入账时间是否正确

C. 检查Q公司资产负债表日后收到的大额采购发票,确认其入账时间是否正确

D. 检查Q公司资产负债表日后应付账款明细账借方发生额的相应凭证,确认其入账时间是否正确

12. 审计人员需要函证应付账款的情形包括( )。

A. 应付账款的重大错报风险较低   B. 应付账款的重大错报风险较高

C. 某应付账款账户金额较大   D. 某应付账款账户期末余额为零

13. 注册会计师为验证被审计单位是否有低估应付账款的行为,可以采取的审计程序有( )。

A. 检查资产负债表日后收到的购货发票

B. 检查资产负债表日未处理的不相符的购货发票

C. 检查资产负债表日后预付账款明细账发生额的相应凭证

D. 检查有材料库存但未收到购货发票的经济业务

14. 审计人员在对被审计单位应付账款进行审计时,可以检查应付账款是否计入正确的会计期间、是否存在未入账的应付账款的程序有( )。

A. 获取被审计单位与其供应商之间的对账单,并对对账单和被审计单位财务记录之间的差异进行调节

B. 检查债务形成的相关原始凭证,如供应商发票、验收报告、入库单等

C. 针对资产负债表日后付款项目,检查银行对账单及有关付款凭证,询问被审计单位内部或外部的知情人员

D. 检查资产负债表日后应付账款明细账贷方发生额的相应凭证,关注其购货发票的日期

15. 审计人员在对被审计单位短期借款进行审查时,应根据(　　)确定相应的审计程序。
　　A. 年末短期借款余额的大小　　　　B. 年末短期借款占负债总额的比重
　　C. 以前年度发现问题的多少　　　　D. 相关内容控制的强弱

16. 审计人员审查T公司应交税费时,将应税"库存商品明细账"的贷方发出数量(转出数)合计,对照应税"主营业务收入明细账"的已销量,发现应销量大于已销量,则可能存在的问题有(　　)。
　　A. 将产品用于对外投资　　　　　　B. 以产品交换材料
　　C. 以产品抵债　　　　　　　　　　D. 将产品用于集体福利

17. 应交税费的审计目标应包括(　　)。
　　A. 确定期末应交税费是否存在
　　B. 确定期末应交税费是否为被审计单位应履行的义务
　　C. 确定应计和已交税费的记录是否完整
　　D. 确定应交税费的期末余额是否正确

18. 下列各项,应计入相关资产成本的有(　　)。
　　A. 企业进口原材料缴纳的进口关税
　　B. 企业商务用车缴纳的车船税
　　C. 小规模纳税人购买商品支付的增值税
　　D. 企业书立加工承揽合同缴纳的印花税

19. "应交税费"账户核算企业按照税法规定计算应缴纳的各种税费,包括(　　)。
　　A. 印花税　　　　　　　　　　　　B. 矿产资源补偿费
　　C. 教育费附加　　　　　　　　　　D. 资源税

三、判断能力训练

1. 应付职工薪酬包括以股份为基础的薪酬和企业年金。　　　　　　　　　　(　　)
2. 对于以工时制计算工资的雇员来说,工资取决于工作的小时数。　　　　　(　　)
3. 佣金是根据职工完成的销售额和佣金比率来确定的。　　　　　　　　　　(　　)
4. 检查职工工资是否正确主要核对工资结算表、考勤记录、产量及质量记录。(　　)
5. 计件工资是按职工实际完成的产品数量(工时)和质量计算劳动报酬的工资结算形式。　　　　　　　　　　　　　　　　　　　　　　　　　　　　　　　(　　)
6. 资产负债表中的"应付账款"项目应根据"应付账款"和"预付账款"科目所属明细科目期末贷方余额的合计数填列。　　　　　　　　　　　　　　　　　　(　　)
7. 审计人员针对已偿付的应付账款,追查至银行对账单、银行付款单据和其他原始凭证,是为了检查其在资产负债表前是否真实存在。　　　　　　　　　　　(　　)
8. 对于应付账款,审计人员主要审计其年末余额是否存在。　　　　　　　　(　　)
9. 因为多数舞弊企业往往低估应付账款,所以函证不能保证查出所有未入账的应付账款。　　　　　　　　　　　　　　　　　　　　　　　　　　　　　　(　　)
10. 审计人员在审查应付账款时,应查实被审计单位所有在年度资产负债表日以前收

到的发票均已计入当年的应付账款。（　　）
11. 与应收账款一样，应付账款也必须实施函证，以验证其是否真实存在。（　　）
12. 即使某一应付账款明细账户年末余额为零，审计人员仍可以将其列为函证对象。（　　）
13. 审计人员在审查应付账款时，应结合销售业务进行审计。（　　）
14. 因被审计单位应付账款明细账目较多，审计人员应审查其全部账户，以核实应付账款明细账的正确性。（　　）
15. 审查应付账款数额时，审计人员应审查现金折扣的真实情况。（　　）
16. 相对于长期借款来说，短期借款金额通常较小，期限较短，且通常无须抵押，对会计报表的影响也不如长期借款，因此一般无须审查其抵押担保情况。（　　）
17. 企业出租无形资产时缴纳的增值税应借记"银行存款"账户，贷记"其他业务收入"和"应交税费"账户。（　　）
18. 印花税和耕地占用税应及时计入"应交税费"科目。（　　）
19. 审计人员应根据已审定的主营业务收入、其他业务收入及税法规定视同销售行为的有关记录，复核销项税额，并注意视同销售行为计税依据的确定是否正确。（　　）
20. 企业为取得固定资产而缴纳的契税，应计入固定资产的入账价值。（　　）
21. 企业将自产的货物用于对外投资，应视同改变用途处理。（　　）

四、案例题

1. **资料**：2022年2月1日，审计人员在审查ABC公司2021年度应付账款明细账时，发现10月13日第34号凭证记录应付账款增加117 000元，而10月14日第36号凭证又记录偿还该笔应付账款117 000元。支付货款如此迅速，审计人员怀疑其中有问题，决定进一步对其进行审查。审计人员首先调阅了10月13日第34号记账凭证，其会计分录如下：

借：原材料　　　　　　　　　　　　　　　　　　　　　100 000
　　应交税费——应交增值税（进项税额）　　　　　　　 17 000
　　贷：应付账款——D公司　　　　　　　　　　　　　　　　　 117 000

该记账凭证所附原始凭证为供货单位发票一张。查证：审计人员检查了相应的合同一份，发现合同规定付款期一个月，如果在10天内付款，给予2%的现金折扣。审计人员又调阅了10月14日第36号记账凭证，其会计分录为：

借：应付账款——D公司　　　　　　　　　　　　　　　117 000
　　贷：银行存款　　　　　　　　　　　　　　　　　　　　　　115 000
　　　　库存现金　　　　　　　　　　　　　　　　　　　　　　　2 000

该记账凭证所附原始凭证为转账支票存根一张和现金收据一张。一笔货款为什么采用两种结算方式？而且根据合同规定，ABC公司应享受2 000元的现金折扣，但在其账务处理中没有关于享受现金折扣的记录，反而将折扣金额用现金支付。为进一步查清问题，审计人员向D公司进行了函证，回函证实D公司仅收入115 000元转账支票一张。审计人员又询问了ABC公司的出纳员，了解到由会计领取现金并签发票用于货款结算。审计人员又调出现金收据进行仔细检查，发现现金收据纯属伪造。ABC公司的坏账准备按年末余额的

1%计提。

要求:

1. 计算出 ABC 公司会计人员利用该公司财务制度不严和职务之便贪污的金额。
2. 调账。

2. **资料**：审计人员 2022 年 3 月 11 日从天堃公司取得了其 2021 年度的应付账款明细表，如下表所示。

应付账款明细表　　　　　　　　　　　　　　　单位：元

账户名称	期初余额		本期发生额		期末余额	
	借方	贷方	借方	贷方	借方	贷方
A 公司		500 000	1 000 000	1 100 000		600 000
B 公司		100 000	0	0		100 000
C 公司		50 000	150 000	160 000		60 000
D 公司		230 000	650 000	860 000		440 000
R 公司		56 000	356 000	380 000		80 000
F 公司		170 000	930 000	1 300 000		540 000
G 公司		0	500 000	0	500 000	
Y 公司		87 000	400 000	430 000		117 000
W 公司		430 000	2 330 000	2 700 000		800 000
X 公司		200 000	1 600 000	1 400 000		0
合计		1 823 000	7 916 000	8 330 000	500 000	2 737 000

（1）函证应付账款。

审计人员选择了余额在 40 万元以上的 5 户明细账及余额较小但本期发生额较大的 4 户明细账，发出积极式询证函共 9 份，收回 8 份，未发现异常情况。对未收回询证函的 W 公司实施如下替代程序：通过该公司的辅助明细账追踪往来科目，查看记账凭证，核实款项是否真实存在。

（2）查找未入账的应付账款。

2021 年 12 月 30 日从 A 公司购入甲材料 100 万元，尚未支付货款，但已包括在 12 月 31 日的实物盘点范围内，而购货发票于 2022 年 1 月 2 日才收到，计入了 2022 年 1 月份的账内，2021 年 12 月无进货和对应的负债记录，则应进行如下调整：

2021 年暂估入库：

借：原材料——甲材料　　　　　　　　　　　　　1 000 000
　　贷：应付账款　　　　　　　　　　　　　　　　　　　1 000 000

2022 年红字冲销：

借：原材料——甲材料　　　　　　　　　　　　　1 000 000
　　贷：应付账款　　　　　　　　　　　　　　　　　　　1 000 000

（3）审查长期挂账的应付账款。

审计人员在审查过程中发现 B 公司账户账龄已有 2 年，据调查，B 公司已破产，款项已无法支付，根据规定，审计人员应做如下调整：

无法支付的应付账款做营业外收入处理：

借：应付账款——B公司　　　　　　　　　　　　　　100 000
　　贷：营业外收入　　　　　　　　　　　　　　　　　　100 000

要求：根据以上内容编制应付账款审定表。

应付账款审定表

被审计单位：	索引号：
项目：	财务报表截止日/期间：
编制：	复核：
日期：	日期：

项目名称	期末未审数	账项调整		重分类调整		期末审定数	上期末审定数
		借方	贷方	借方	贷方		
合计							

任务二　非流动负债审计

一、单项选择能力训练

1. 审计人员在审计某公司长期借款业务时,为确定"长期借款"账户余额的真实性,可以向(　　)进行函证。
   A. 该公司的律师　　　　　　　　B. 金融监管机构
   C. 银行或其他有关债权人　　　　D. 公司的主要股东

2. 审计人员在对应付债券实施实质性测试时,应当(　　)。
   A. 检查企业是否按契约的规定支付利息
   B. 检查企业发行债券的收入是否立即存入银行
   C. 检查债券溢价或折价摊销的会计处理是否正确
   D. 检查债券的偿还和购回是否按董事会的授权进行

3. 审计人员在审查长期债券投资折价摊销时,不应重点检查的是(　　)。
   A. 每期投资收益
   B. 摊销方法是否合规
   C. 每期摊销额的计算是否正确无误
   D. 是否采用成本法核算

4. 审查企业长期借款,发现其中一部分将在一年内到期,审计人员应提请被审计单位将一年内到期的长期借款在报表中列示为(　　)。
   A. 或有负债　　　　　　　　　　B. 长期负债
   C. 流动负债　　　　　　　　　　D. 流动资产

5. 对于负债项目的审计,主要是防止企业(　　)。
   A. 高估债务　　　　　　　　　　B. 低估债务
   C. 高估资产　　　　　　　　　　D. 低估资产

6. 对于年度内增加的长期借款,应检查合同和授权批准,了解借款数额、借款条件、借款日期、还款期限、借款利率,并与(　　)相核对。
   A. 相关会计记录　　　　　　　　B. 合同、手续
   C. 协议　　　　　　　　　　　　D. 凭证

7. 审计人员审查应付债券时,不涉及的凭证与记录有(　　)。
   A. 公司的律师　　　　　　　　　B. 债券契约
   C. 债券　　　　　　　　　　　　D. 股东名册

8. 审计人员在审计长期借款计价时,应查明借款的性质,按(　　)反映。
   A. 借款本息　　　　　　　　　　B. 借款的一定比例
   C. 借款及折扣　　　　　　　　　D. 实际发生额

9. 对未入账的长期借款进行审计时,无效的审计程序是(   )。
   A. 向被审计单位索取说明书,了解举债业务
   B. 对利息费用实施分析
   C. 编制长期借款明细表并与总账核对
   D. 查阅企业管理部门的会议记录、文件资料,了解与举债有关的信息
10. 审计人员审计应付债券时,如果被审计单位应付债券业务不多,可直接进行(   )。
    A. 控制测试   B. 实质性程序
    C. 穿行测试   D. 内部控制调查

二、多项选择能力训练

1. 为证实长期借款披露的恰当性,审计人员应注意(   )。
   A. 借款合同中有关限制条件的财务信息的披露情况
   B. 一年内到期的长期借款的分类情况
   C. 长期借款的授权批准情况
   D. 长期借款的抵押和担保的披露情况
2. 为检查被审计单位长期借款是否已在资产负债表上充分披露,审计人员应当检查(   )。
   A. 长期借款的利息计算是否正确
   B. 长期借款的期末余额是否已扣除一年内到期的长期借款数额
   C. 一年内到期的长期借款是否已作为流动负债单独反映
   D. 长期借款的抵押和担保是否已在会计报表注释中做了充分说明
3. 应付债券的实质性测试程序包括(   )。
   A. 检查应计利息、债券折(溢)价摊销及其会计处理是否正确
   B. 检查到期债券的偿还
   C. 检查企业发行债券的收入是否立即存入银行
   D. 取得或编制应付债券明细表
4. 审计人员在对长期借款进行审计时,一般应获取的审计证据包括(   )。
   A. 长期借款明细表
   B. 长期借款的合同和授权批准文件
   C. 相关抵押资产的所有权证明文件
   D. 重大长期借款的函证回函和逾期长期借款的展期协议
5. 审计人员在审查"长期借款"账户时,可审查的相关账户有(   )。
   A. "银行存款"   B. "在建工程"
   C. "财务费用"   D. "固定资产"
6. 符合资本化条件的资产,是指需要经过相当长时间的购建或者生产活动才能达到预定可使用或者可销售状态的资产,包括(   )。
   A. 固定资产   B. 投资性房地产

C. 存货 D. 低值易耗品
7. 下列各项中,属于长期负债的有( )。
   A. 融资租入固定资产应付款 B. 长期借款
   C. 未确认融资费用 D. 一年内到期应付债券
8. 审查应付债券时,应重点审查( )。
   A. 企业债券发行的合法性 B. 债券溢价或折价的摊销
   C. 发行收入的正确性 D. 企业债券业务会计记录的完整性
9. 企业在确认长期借款的利息费用时,可能涉及的科目有( )。
   A. 在建工程 B. 管理费用
   C. 财务费用 D. 固定资产
10. 下列各项,即使错报金额较小,也应是重要错报的有( )。
    A. 小金额现金多次被贪污
    B. 多个资产账户小金额虚增
    C. 无形资产摊销多计了500元
    D. 少计提应付债券利息5 000元,使资产负债率恰好符合贷款合同规定的不超过60%

三、判断能力训练

1. 应付债券的审计一般以实质性程序为主。( )
2. 对于借款项目的审计,主要是防止企业高估债务。( )
3. 对于长期借款,审计人员应向银行或其他债权人函证所有的长期借款。( )
4. 为确定应付债券账户期末余额的真实性,审计人员必须直接向债权人及债券的承销人或包销人进行函证。( )
5. 为确定长期借款账户期末余额的真实性,审计人员可以向债权人进行函证。( )
6. 长期借款的利息可能计入当期损益,也可能不计入当期损益。( )
7. 企业如果资金紧缺,可以根据自身的资金需要,自行决定发行长期债券。( )

四、案例题

1. 审计人员依据审计工作的安排,于2021年3月5日对甲公司进行审计。在对应付债券业务进行审计时,了解到该公司为了购进第二条生产线,于2019年12月31日以10 432 700元的价格发行面值为10 000 000元、到期还本、分期付息的5年期债券,票面利率为6%。该公司发行债券时的实际利率为5%,每年的12月1日支付利息。筹集的资金用于建造厂房和购买设备,该厂房尚未完工交付使用,设备也未安装。甲公司2021年年底计提利息费用的会计分录为:
借:财务费用 513 460
　　应付债券——利息调整 86 540

贷：应付利息　　　　　　　　　　　　　　　　　　　　　　　　　　600 000
要求：指出甲公司的问题，并进行相应的账项调整。

2. **资料**：ABC公司的企业所得税税率为25%，法定公积金计提比例为10%。审计人员于2022年2月20日对该公司2020年度长期借款明细账和借款合同进行审阅时，发现该公司2021年10月1日因购买设备向银行借入资金1 000万元，借款期限为5年，年利率为6%，到期一次性还本付息。该公司2021年11月1日一次性支付1 000万元设备价款、运输费、安装费等，该设备2021年12月31日达到预定可使用状态。审计人员审查该笔借款2021年应计利息的记账凭证时，发现其会计分录为：

　　借：财务费用　　　　　　　　　　　　　　　　　　　　　　　　　150 000
　　　　贷：长期借款　　　　　　　　　　　　　　　　　　　　　　　　150 000
要求：分析ABC公司的处理是否存在问题，并提出调整建议。

任务三　所有者权益审计

一、单项选择能力训练

1. 审计人员在检查股票发行费用的会计处理时,若股票溢价发行,应查实被审计单位是否按规定将各种发行费用(　　)。
   A. 先从溢价中抵销　　　　　　　B. 作为长期待摊费用
   C. 作为递延资产　　　　　　　　D. 作为当期管理费用
2. 对于投入资本的实质性测试,主要通过(　　)账户进行。
   A. 固定资产　　　　　　　　　　B. 实收资本
   C. 资本公积　　　　　　　　　　D. 长期投资
3. 法定盈余公积按规定和要求提取达到注册资本的(　　)时可不再提取。
   A. 30%　　　　　　　　　　　　B. 50%
   C. 70%　　　　　　　　　　　　D. 80%
4. 法定盈余公积和任意盈余公积用于转增资本或分配利润后,其剩余额不得低于注册资本的(　　)。
   A. 20%　　　　　　　　　　　　B. 30%
   C. 25%　　　　　　　　　　　　D. 15%
5. 审计人员对所有者权益进行审计时,(　　)。
   A. 必须对其进行控制测试
   B. 必须采用抽查的方法
   C. 一般采用详查的方法
   D. 由于对资产、负债审计时已经得到了所有者权益的佐证信息,一般不对所有者权益项目进行审计
6. 资本公积在资产负债表上应当(　　)。
   A. 单项列示　　　　　　　　　　B. 与实收资本合并列示
   C. 与盈余公积合并列示　　　　　D. 作为实收资本的减项列示
7. 对未分配利润的审计应与(　　)的审计结合起来进行。
   A. 银行存款　　　　　　　　　　B. 利润、利润分配
   C. 存货　　　　　　　　　　　　D. 负债项目

二、多项选择能力训练

1. 对于实收资本的减少,审计人员应查明被审计单位是否(　　)。
   A. 事先通知所有债权人,债权人无异议
   B. 事先通知所有债务人,债务人无异议

C. 经股东大会决议同意,并修改公司章程
D. 减资后的注册资本不低于法定注册资本的最低限额

2. 对于盈余公积的审计,审计人员一般是由"盈余公积"账户追查至(　　)。
   A. 资产负债表　　　　　　　　B. 利润表
   C. 利润分配表　　　　　　　　D. 现金流量表

3. 所有者权益审计,就是在对资产负债表进行审计的基础上,进一步验证企业的净资产,包括(　　)。
   A. 投入资本　　　　　　　　　B. 资本公积
   C. 盈余公积　　　　　　　　　D. 未分配利润

4. 审计人员对资本公积进行实质性测试的主要程序是(　　)。
   A. 审查资本溢价或股票溢价　　B. 审查其他资本公积
   C. 审查资本公积的使用　　　　D. 审查资本公积的披露

5. 对股票的发行、回购等交易活动进行审计时,审计人员应当审查的原始凭证包括(　　)。
   A. 发行股票的登记簿、募股清单　B. 向外界回购的股票清单
   C. 银行存款收付凭证　　　　　D. 银行存款对账单

6. 资本公积的审计范围包括(　　)。
   A. 资本溢价　　　　　　　　　B. 股本溢价
   C. 法定财产重估增值　　　　　D. 企业盘盈的资产

三、判断能力训练

1. 所有者权益金额取决于资产和负债的计量,对资产和负债各项目进行审计后,可以不必对所有者权益进行审计。（　　）

2. 由于所有者权益有业务较少、金额较大的特点,对所有者权益进行审计一般运用详细审计的方法。（　　）

3. 审计人员应向被审计单位索取或自行编制实收资本明细表,作为永久性档案存档。（　　）

4. 对未分配利润的审计应与对利润、利润分配的审计结合起来进行。（　　）

5. 企业提取的盈余公积经批准可用于弥补亏损、转增资本、发放现金股利或利润。（　　）

6. 一般而言,企业的实收资本不得随意增减,如有必要增减,首先应具备一定条件。（　　）

7. 股本应在资产负债表中单项列示。（　　）

8. 审计人员应通过对有关原始凭证、会计记录的审阅和核对,向投资者函证实缴资本额,对有关财产和实物的价值进行鉴定,确定投入资本的真实存在。（　　）

9. 对于实收资本一般采用抽样审计。（　　）

10. 对于盈余公积的审计,一般采用分析性复核法。（　　）

11. 取得证券属于筹资的主要业务活动。（　　）

12. 发放股利属于投资的主要业务活动。（ ）

13. 审计人员审查公开发行股票公司已发行的股票数量是否真实、是否已收到股款时，应向主要股东函证。（ ）

四、案例题

1. **资料**：审计人员李明在审计华兴公司接受张敏（自然人）房屋出资时，实施了以下审计程序：

（1）查阅房屋建筑物评估报告，了解评估目的、评估范围与对象、评估基准日、评估假设等有关限定条件是否满足验资的要求，关注评估报告的特别事项说明，评估基准日至验资报告日期间发生的重大事项是否对验资结论产生影响，检查投入资产的价值是否经各出资者认可。

（2）检查房屋建筑物的平面图、位置图，验证其名称、坐落地点、建筑结构、竣工时间、已使用年限及作价依据是否符合协议、合同、章程的规定。

（3）检查房地产证书等产权证明，验证出资前的产权是否归出资者所有。

（4）检查房屋建筑物是否办理交接手续，交接清单是否得到出资者及被审计单位的确认，实物的交付方式、交付时间、交付地点是否符合协议、合同、章程的规定。

（5）获取并检查被审计单位及其出资者是否签署了在规定期限内办妥过户手续的承诺函。

当审计人员李明在检查张敏提供的房地产证书时，发现该房屋属于张敏和其妻子购买的商品房，且已经被抵押。

问题：审计人员李明该不该确认张敏的房屋出资？

2. 资料：审计人员李明在对 W 公司的盈余公积进行审计时，发现盈余公积明细账 4 月 7 日一笔业务摘要为"转增资本"，金额为 100 000 元。该公司注册资本为 1 000 000 元，"盈余公积"账户余额为 100 000 元。

问题：该笔业务有没有异常？为什么？

项目七

收入审计与成本费用审计

任务一　营业收入审计

一、单项选择能力训练

1. 审计人员根据主营业务收入明细账中的记录抽取部分销售发票,追查销货合同、发货单等资料,其目的是(　　)。
   A. 证实主营业务收入的完整性
   B. 证实主营业务收入的真实性
   C. 证实主营业务收入的总体合理性
   D. 证实主营业务收入披露的充分性

2. (　　)根据批准的客户订单开具一式多联的销售单。
   A. 销售部门　　　　　　　　　B. 供应部门
   C. 生产部门　　　　　　　　　D. 仓库部门

3. 货物发出后,应由开单部门或人员开具一式多联的销售发票,(　　)记录销售,同时对已收到货款的记录收款,对批准赊销的记录赊销。
   A. 仓库部门　　　　　　　　　B. 销售部门
   C. 供应部门　　　　　　　　　D. 财会部门

4. 为确认主营业务收入在财务报表上列示的适当性,须与"主营业务收入"账户核对相符的是(　　)。
   A. 资产负债表相关项目
   B. 利润表相关项目
   C. 主营业务收支明细表
   D. 利润表及主营业务收支明细表相关项目

5. 抽查主营业务收入的原始凭证(销售发票、发运凭证等),并追查至记账凭证及明细账,检查销售记录(　　)。
   A. 是否完整　　　　　　　　　B. 是否真实
   C. 计价是否正确　　　　　　　D. 截止期是否正确

6. 甲公司于2021年12月份销售给乙公司一批A商品,乙公司在2022年1月15日收到商品后,发现质量有问题,经双方协商,甲公司同意给予乙公司5 000元折让。甲公司2022年1月15日应编制发生销售折让的会计分录为(　　)。

  A. 借：财务费用　　　　　　　　　　　　　　　　　5 000
    贷：应收账款——乙公司　　　　　　　　　　　　　　　5 000
  B. 借：主营业务收入　　　　　　　　　　　　　　　　5 000
    贷：应收账款——乙公司　　　　　　　　　　　　　　　5 000
  C. 借：主营业务收入　　　　　　　　　　　　　　　　5 000
    应交税费——应交增值税(销项税额)　　　　　　　850
    贷：应收账款——乙公司　　　　　　　　　　　　　　　5 850
  D. 借：主营业务收入　　　　　　　　　　　　　　　　5 850
    贷：应收账款——乙公司　　　　　　　　　　　　　　　5 000
    应交税费——应交增值税(销项税额)　　　　　　　850

7. 委托代销商品采用由委托方向受托方支付手续费方式的,委托方应在收到代销清单时,根据应付的手续费,做(　　)的账务处理。

  A. 借记"主营业务收入"科目,贷记"应收账款"科目
  B. 借记"销售费用"科目,贷记"应收账款"科目
  C. 借记"主营业务成本"科目,贷记"应付账款"科目
  D. 借记"销售费用"科目,贷记"应付账款"科目

8. 销售与收款循环所涉及的财务报表项目不包括(　　)。

  A. 销售费用　　　　　　　　　　B. 营业收入
  C. 应交税费　　　　　　　　　　D. 所得税费用

9. 注册会计师计划测试M公司2022年度业务收入的完整性,下列各项审计程序,通常难以实现上述审计目标的是(　　)。

  A. 抽取2022年12月31日开具的销售发票,检查相应的发运单和账簿记录
  B. 抽取2022年12月31日的发运单,检查相应的销售发票和账簿记录
  C. 从业务收入明细账中抽取2022年12月31日的明细记录,检查相应的记账凭证、发运单和销售发票
  D. 从业务收入明细账中抽取2022年1月1日的明细记录,检查相应的记账凭证、发运单和销售发票

10. 为验证收入业务是否发生,注册会计师应该采用的最有效的实质性程序为(　　)。

  A. 从收入明细账追查至发运凭证和销售发票
  B. 从发运凭证追查至收入明细账
  C. 从发运凭证追查至存货永续盘存记录
  D. 从销售发票追查至收入明细账

11. 为证实已发生的销售业务是否均已登记入账,最有效的做法是(　　)。

  A. 只审查销售明细账
  B. 由销售明细账追查至有关原始凭证

C. 只审查有关原始凭证
D. 由有关原始凭证追查至销售明细账

12. 审计人员根据主营业务收入明细账中的记录抽取部分销售发票,追查销货合同、发货单等资料,其目的是(　　)。
A. 证实主营业务收入的完整性
B. 证实主营业务收入的真实性
C. 证实主营业务收入的总体合理性
D. 证实主营业务收入披露的充分性

13. 抽查主营业务收入的原始凭证(销售发票、发运凭证等),并追查至记账凭证及明细账,检查销售记录(　　)。
A. 是否完整　　　　　　　　B. 是否真实
C. 计价是否正确　　　　　　D. 截止是否正确

二、多项选择能力训练

1. 在运用分析性复核法检查主营业务收入的完整性时,审计人员可以实施的程序有(　　)。
A. 计算本期主要产品的销售额和毛利率,并与上期比较
B. 比较本期各月份主营业务收入的波动情况
C. 比较本期各月份主营业务收入的实际数与计划数
D. 计算本期存货周转率,并与上期比较

2. 为审核年度主营业务收入的截止期,审计人员应实施的有效审计程序有(　　)。
A. 以总账为起点追查至明细账
B. 以明细账为起点追查至资产负债表日前后会计凭证
C. 以资产负债表日前后销售发票为起点追查至发运单和明细账
D. 以资产负债表日前后发运单为起点追查至销售发票和明细账

3. 审查主营业务收入计算的正确性时,如果被审计单位以现金或支票结算方式销售产品,则应与销货发票存根相核对的有(　　)。
A. 应收账款明细账　　　　　B. 银行存款日记账
C. 主营业务收入明细账　　　D. 库存现金日记账

4. 装运部门的人员从仓库提出货物后,应对有关资料进行核对,核对无误后应(　　)。
A. 填写收料单　　　　　　　B. 填写发运凭证
C. 填写发料单　　　　　　　D. 发运货物

5. 审计人员抽取一定时期内的销售发票,主要检查(　　)。
A. 是否连续编号　　　　　　B. 有无缺号
C. 作废发票的处理是否正确　D. 是否填列正确

6. 审计人员在审查销售合同时,审查内容包括(　　)。
A. 合同的合理性、合法性　　B. 合同的所有权
C. 合同的完整性　　　　　　D. 合同的正确性

7. 发生并确认销售退回时,应当(　　)。
   A. 退回销售货款及增值税税额
   B. 冲减本期主营业务收入和主营业务成本
   C. 增加库存产成品
   D. 将退货费用计入制造费用
8. 审计人员审查中发现主营业务收入明细账记有销售退回业务,但未查到退货凭证,可能存在的问题是(　　)。
   A. 隐匿营业收入　　B. 资产虚减　　C. 偷税漏税　　D. 虚增利润

三、判断能力训练

1. 对于需要赊销的销售单位,须由销售部门进行审核批准。（　）
2. 对主营业务收入的审计一般应进行分析性复核。（　）
3. 在不同的销售方式和不同的结算方式下,收入确认的时间是一样的。（　）
4. 实施截止日期测试程序的目的是查明所审年度主营业务收入业务的记录是否正确,以防止和纠正"主营业务收入"账户内可能包括的不属于本期的主营业务收入事项。（　）
5. 审计人员为了发现被审计单位多计销售收入,采用的审计路线应以账簿为起点。（　）
6. 某企业将当年发生的销售退回与折让不做账务处理,目的是虚减销售额,虚减利润,少缴企业所得税。（　）

四、案例分析题

案例一

资料：注册会计师于 2022 年 3 月 11 日对天垦公司 2021 年度财务报表进行审计。经初步了解,天垦公司 2021 年度的经营形势、管理及经营机构与 2020 年度比较未发生重大变化,且均没有纳税调整因素。

天垦公司 2021 年度未审利润表及 2020 年度已审利润表如下：

单位：万元

项目	2021 年度(未审数)	2020 年度(审定数)
一、营业收入	104 300	58 900
减：营业成本	91 845	53 599
税金及附加	560	350
销售费用	1 640	1 310
管理费用	2 380	3 260
财务费用	180	150

续表

项目	2021年度(未审数)	2020年度(审定数)
二、营业利润	7 695	231
加：营业外收入	300	150
减：营业外支出	360	300
三、利润总额	7 635	81
减：所得税费用(税率25%)	800	20.25
四、净利润	6 835	60.75

要求：请对上述资料进行审核分析，指出2021年度利润表中的重点审计领域，并简要说明理由。

案例二

疑点：审计人员于 2022 年 4 月 10 日对甲企业上年度销售业务进行审查时，发现 2021 年 12 月 30 日售给乙公司 A 产品 8 000 千克，销货金额 800 000 元（不含增值税），以应收账款入账，其会计分录如下：

借：应收账款——乙公司　　　　　　　　　　　　　　800 000
　　贷：主营业务收入　　　　　　　　　　　　　　　　　800 000

经审查核对，上述记账凭证未附有任何原始凭证。

查证：审计人员在审查"库存商品"账户时，发现没有对应的产品发出，继续审查 2022 年年初的销售账户，发现该笔销售退回，以红字冲销；同时审计人员未发现有销售合同。

要求：
1. 指出该案例存在的问题及舞弊手法。
2. 调账。

任务二　成本费用审计

一、单项选择能力训练

1. 审查管理费用支出时，下列不属于管理费用的是（　　）。
   A. 汇兑损失　　　　　　　　　　　B. 坏账损失
   C. 增值税　　　　　　　　　　　　D. 存货盘亏批准后的处理

2. 下列费用,可以列入产品成本的有( )。
   A. 业务招待费　　　　　　　　B. 利息费用
   C. 生产工人工资　　　　　　　D. 分配股利
3. 下列项目,不可以计入期间费用的有( )。
   A. 销售机构人员工资　　　　　B. 借款利息支出
   C. 车间设备折旧费　　　　　　D. 无形资产摊销费用
4. 下列不能作为产品成本计算方法的是( )。
   A. 分步法　　　　　　　　　　B. 定额法
   C. 约当产量法　　　　　　　　D. 分批法
5. 在税金及附加的审计中,不包括( )内容。
   A. 城市维护建设税　　　　　　B. 消费税
   C. 资源税　　　　　　　　　　D. 增值税
6. 下列成本项目,可以列为主营业务成本的是( )。
   A. 罚款支出　　　　　　　　　B. 捐赠支出
   C. 销售商品的成本　　　　　　D. 销售材料的成本

二、多项选择能力训练

1. 下列支出,不应计入产品成本的有( )。
   A. 营业外支出　　　　　　　　B. 资本性支出
   C. 生产性支出　　　　　　　　D. 其他业务支出
2. 审查成本费用时,将( )计入产品生产成本项目,审计人员应予以认可。
   A. 管理费用　　　　　　　　　B. 制造费用
   C. 销售费用　　　　　　　　　D. 直接材料费用
3. 下列人员工资,不应计入产品成本中直接人工项目的有( )。
   A. 厂部管理人员工资　　　　　B. 车间管理人员工资
   C. 产品生产人员工资　　　　　D. 专职销售人员工资
4. 审查企业本期发生的业务招待费时,应明确( )的做法是错误的。
   A. 直接计入生产成本　　　　　B. 直接计入制造费用
   C. 直接计入当期损益　　　　　D. 分期计入损益
5. 审查期间费用时,不应包括的项目有( )。
   A. 管理费用　　　　　　　　　B. 制造费用
   C. 生产成本　　　　　　　　　D. 销售费用
6. 成本费用的审计目标有( )。
   A. 确定成本费用的记录是否完整
   B. 确定成本费用的计算是否正确、科学
   C. 确定成本与收入是否配比
   D. 确定成本费用在会计报表上的披露是否恰当

7. 审计人员判断,下面应列入材料采购成本的有(　　)。
   A. 材料买价(不含增值税)　　　　B. 运杂费
   C. 所付的关税　　　　　　　　　D. 入库前加工整理费
8. 注册会计师在审计时,认为构成存货成本的有(　　)。
   A. 购买材料运输途中发生的合理损耗
   B. 购买材料的运杂费
   C. 小规模纳税企业购进材料支付的增值税
   D. 存货生产期间发生的符合资本化条件的借款费

三、判断能力训练

1. 成本费用审计必须注意审查稳健性原则运用的合理性。　　　　　　　(　　)
2. 为了提高工作效率,成本费用的审批、执行和记录最好由一人负责。　　(　　)
3. 销售费用审计与产品制造成本审计无关。　　　　　　　　　　　　　(　　)
4. 审查主营业务成本时应注意,主营业务成本的计算应与主营业务收入一致,主营业务成本的结转时间应与主营业务收入的确认时间一致。　　　　　　　　(　　)
5. 审查财务费用一般应结合"短期借款""应付利息"等账户,以确定其真实性和合法性。　　　　　　　　　　　　　　　　　　　　　　　　　　　　　　(　　)
6. 主营业务成本数额的真实性审计,应结合制造成本的评审进行。　　　(　　)
7. 期间费用是企业调节利润的一个重要手段,审计时应格外关注。　　　(　　)
8. 企业的广告费用应计入销售费用。　　　　　　　　　　　　　　　　(　　)

四、案例分析题

案例一

资料:M 公司的会计政策规定,入库产成品按实际生产成本入账,发出产成品按先进先出法核算。2021 年 12 月 31 日,M 公司甲产品期末结存数量为 1 200 件,期末余额为 5 210 万元。M 公司 2021 年度甲产品的相关明细资料如下表所示(数量单位为件,金额单位为万元,假定期初余额和所有的数量、入库单价均无误)。

日期	摘要	入库			发出			结存		
		数量	单价	金额	数量	单价	金额	数量	单价	金额
1月1日	期初							500		2 500
3月1日	入库	400	5.1	2 040				900		4 540
4月1日	销售				800	5.2	4 160	100		380
8月1日	入库	1 600	4.6	7 360				1 700		7 740
10月3日	销售				400	4.6	1 840	1 300		5 900

续表

日期	摘要	入库			发出			结存		
		数量	单价	金额	数量	单价	金额	数量	单价	金额
12月1日	入库	700	4.5	3 150				2 000		9 050
12月31日	销售				800	4.8	3 840	1 200		5 210
12月31日	期末							1 200		5 210

要求：在进行相关测试后，指出存在的问题并提出审计调整建议。

案例二

资料：天垦公司2021年度1—12月份未审营业收入、营业成本如下表所示。

单位：万元

月份	营业收入	营业成本	月份	营业收入	营业成本
1	7 800	7 566	8	7 700	6 830
2	7 600	6 764	9	7 600	6 832
3	7 400	6 512	10	7 900	7 111
4	7 700	6 768	11	8 100	7 280
5	7 800	6 981	12	18 900	15 139
6	7 850	6 947	合计	104 300	91 845
7	7 950	7 115			

要求：请对案例二资料进行计算分析，指出营业收入和营业成本的重点审计领域，并简要说明理由。同时完成月度毛利率分析表。

月度毛利率分析表

单位：万元

月份	本期数				上期数				变动幅度
	主营业务收入	主营业务成本	毛利	毛利率/%	主营业务收入	主营业务成本	毛利	毛利率/%	
1					7 422	6 988			
2					7 530	7 100			
3					8 300	7 700			
4					6 812	6 041			
5					6 678	5 932			
6					6 685	5 966			
7					6 700	5 830			
8					6 600	5 832			
9					6 900	5 711			
10					6 800	6 412			
11					7 112	6 555			
12					6 500	6 000			
合计					77 039	76 067			

项目八

审计差异处理与撰写审计报告

任务一 审计差异处理

一、单项选择能力训练

1. 下列各项中,不应在资产负债表中"货币资金"项目反映是的( )。
   A. 大额现金和银行存款收入　　　　B. 在途货币资金
   C. 外币现金和银行存款　　　　　　D. 一年以上定期存款
2. 编制资产负债表和利润表应遵循的会计原则中,共同的是( )。
   A. 权责发生制原则　　　　　　　　B. 谨慎性原则
   C. 配比原则　　　　　　　　　　　D. 实际成本原则
3. 对资产负债表外观形式和编制技术的审计,除主要利用核对法外,同时利用( ),审计表内各项目有无不正常情况或疑点,以确定进一步审计的重点。
   A. 分析法　　　　　　　　　　　　B. 审阅法
   C. 观察法　　　　　　　　　　　　D. 函证法
4. 编制审计差异调整表的关键是( )建议调整不符事项和未调整不符事项。
   A. 运用重要性原则划分　　　　　　B. 在工作底稿中详细记载
   C. 与管理层书面沟通　　　　　　　D. 在财务报表的附注中充分披露
5. 注册会计师在编制审计差异调整表时,无论是建议调整的不符事项、未调整的不符事项,还是重分类误差,都应( )。
   A. 提请被审计单位调整　　　　　　B. 以会计分录的形式形成工作底稿
   C. 发表无保留意见　　　　　　　　D. 发表保留意见或无法表示意见

二、多项选择能力训练

1. 审计差异内容包括( )。
   A. 建议调整的不符事项　　　　　　B. 不建议调整的不符事项
   C. 重分类误差　　　　　　　　　　D. 核算误差

2. 注册会计师对审计差异从"初步确定并汇总"直至形成"经审计的财务报表"的过程,主要是通过编制( )得以完成的。
   A. 财务报表草稿　　　　　　　B. 审计差异调整表
   C. 试算平衡表　　　　　　　　D. 管理层沟通函
3. 审计差异按是否需要调整账户记录可分为( )。
   A. 故意错误　　　　　　　　　B. 重分类错误
   C. 核算错误　　　　　　　　　D. 无意错误
4. 注册会计师编制的审计差异调整表,通常包括( )。
   A.《账项调整分录汇总表》　　　B.《未更正错报汇总表》
   C.《重分类调整分录汇总表》　　D.《已更正错报汇总表》
5. 注册会计师在汇总审计差异时进行的以下各项工作中,( )是先进行的两项工作。
   A. 就审计差异与被审计单位沟通
   B. 编制未更正错报汇总表
   C. 编制重分类调整分录汇总表
   D. 编制账项调整分录汇总表

三、判断能力训练

1. 注册会计师在汇总审计差异时进行的各项工作中,编制未更正错报汇总表是最后进行的。（ ）
2. 在确定了审计差异后,注册会计师需要进一步考虑错报影响的广泛性。在固定资产项目的错报中,Y产品大量积压、生产Y产品的专用设备没有计提折旧影响范围较大。（ ）
3. 注册会计师对审计差异从"初步确定并汇总"直至形成"经审计的财务报表"的过程,主要是通过编制管理层沟通函得以完成的。（ ）
4. 对审计差异处理的基本方法是对审计差异进行调整,但并不是所有的审计差异都要做调整。（ ）
5. 试算平衡表是在被审计单位提供的会计报表基础上,过入审计差异调整金额,用以试算被审计单位将要对外报出,也就是审计人员要对此发表意见的会计报表是否平衡的工作底稿。（ ）

四、案例分析题

蓝天会计师事务所审计人员对ABC股份有限公司2021年度会计报表审计后发现下列需调整的事项:
借：管理费用　　　　　　　　　　　　　　　　　　　　　　150 000
　贷：累计折旧　　　　　　　　　　　　　　　　　　　　　　150 000
借：主营业务收入　　　　　　　　　　　　　　　　　　　　5 000 000

	应交税费——应交增值税（销项税）		650 000	
	贷：应收账款		5 650 000	
借：库存商品			3 000 000	
	贷：主营业务成本		3 000 000	
借：预付账款			1 500 000	
	贷：应付账款		1 500 000	
借：盈余公积			145 725	
	贷：未分配利润		145 725	

根据上述调整事项编制审计差异调整表。

审计差异调整表

序号	调整内容与项目	调整金额		影响利润
		借方	贷方	
1				
2				
3				
4				
5				
6				

任务二 撰写审计报告

一、单项选择能力训练

1. 被审计单位个别会计处理方法的选用不符合企业会计准则,注册会计师应出具（　　）的审计报告。
   A. 保留意见 B. 无保留意见
   C. 否定意见 D. 无法表示意见

2. 被审计单位对审计范围进行限定,致使某些重要审计程序无法实施,审计人员表述的审计意见应为（　　）。
   A. 无法表示意见 B. 保留意见
   C. 反对意见 D. 肯定意见

3. （　　）是指注册会计师根据中国注册会计师审计准则的规定,在实施审计工作的基础上对被审计单位财务报表发表审计意见的书面文件。
   A. 审计报告 B. 审计工作底稿
   C. 管理层声明书 D. 管理建议书

4. 当注册会计师出具的无保留意见的审计报告不附加说明段、强调事项段或任何修饰性用语时,该报告称为（　　）。
   A. 非标准审计报告 B. 带强调事项审计报告
   C. 标准审计报告 D. 非强调事项审计报告

5. 审计报告的收件人是指注册会计师按照（　　）的要求致送审计报告的对象,一般是指审计业务的委托人。
   A. 审计报告 B. 业务约定书
   C. 管理层说明 D. 审计计划

6. 当出具无保留意见的审计报告时,注册会计师应当以"我们认为"作为（　　）开头,并使用"在所有重大方面""公允反映"等术语。
   A. 引言段 B. 管理层对财务报表的责任段
   C. 注册会计师的责任段 D. 意见段

7. （　　）就是实施审计计划进行取证的阶段,也就是识别、评估和应对重大错误风险的过程。它是整个审计过程的中心环节。
   A. 审计了解阶段 B. 审计报告阶段
   C. 审计实施阶段 D. 审计计划阶段

8. 下达审计通知书后,采用（　　）审计方式。
   A. 就地 B. 任意
   C. 事前 D. 事中

二、多项选择能力训练

1. 下列各项,属于审计报告意见类型的有(   )。
   A. 无保留意见   B. 保留意见
   C. 否定意见   D. 无法表示意见
2. 下列事项,属于审计计划阶段工作内容的有(   )。
   A. 确定重要性
   B. 与被审计单位签订业务约定书
   C. 对被审计单位内部控制制度的建立及遵守情况进行控制测试
   D. 了解被审计单位的基本情况
3. 下列事项,属于审计完成阶段工作内容的有(   )。
   A. 汇总审计及差异   B. 整理审计证据
   C. 审计期后事项   D. 复核审计工作底稿
4. 非标准审计报告包括(   )。
   A. 带强调事项段的无保留意见的审计报告
   B. 保留意见的审计报告
   C. 非无保留意见的审计报告
   D. 否定意见的审计报告
5. 非无保留意见的审计报告包括(   )。
   A. 保留意见的审计报告   B. 无保留意见的审计报告
   C. 否定意见的审计报告   D. 无法表示意见的审计报告
6. 审计程序一般包括(   ),每个阶段又包括若干具体工作内容。
   A. 准备阶段   B. 计划阶段
   C. 实施阶段   D. 终结阶段
7. 审计的准备阶段是整个审计过程的起点,其工作主要包括(   )。
   A. 了解被审计单位的基本情况
   B. 签订审计业务约定书
   C. 初步评价被审计单位的内部控制制度
   D. 分析审计风险
8. 审计报告的真实性是指审计报告应当如实反映审计人员的(   )。
   A. 审计范围   B. 审计依据
   C. 实施的审计程序   D. 应发表的审计意见

三、判断能力训练

1. 审计报告,就是查账验证报告,是审计工作的最终成果。   (   )
2. 审计报告的签署日期应为完稿日期或会计报告截止日。   (   )

3. 无法表示意见的审计报告就是不发表审计意见。（   ）
4. 审计人员应对其所出具的审计报告的真实性、合法性负责。（   ）
5. 会计师事务所应当在审计报告中清楚地表达对财务报表的意见，并对出具的审计报告负责。（   ）
6. 审计人员进行会计报表审计时，由于一般无须专门对期初余额发表审计意见，因此也不必实施适当的审计程序。（   ）
7. 审计程序必须规范，符合《审计法》等要求。（   ）
8. 政府审计、社会审计与内部审计的程序既有相同之处，又有不同之处。（   ）
9. 审计准备阶段对于小企业审计来说，可以省略。（   ）
10. 审计实施阶段的主要工作是审阅分析会计资料，整理审计工作底稿。（   ）

四、案例分析题

案例一

资料：注册会计师在审计过程中，发现下列情况：

（1）注册会计师未曾观察客户的存货盘点，又无其他程序可供替代。

（2）委托人对注册会计师的审计范围加以严格限制。

（3）根据有关协议，或有负债及可能存在的账外负债由被审计单位承担损失并进行支付。按照财政部发布的《关联方之间出售资产等有关会计处理问题暂行规定》，该或有负债可能影响发生期的损益，被审计单位已在会计报表中进行了披露。

（4）被审计单位有两笔金额较大的借款业务未做账务处理，注册会计师建议将其做账务处理，并计算其应计利息且入账，被审计单位拒绝采纳。

要求：请指出注册会计师应当出具哪种意见类型的审计报告，并说明理由。

案例二

资料：江苏会计事务所 2022 年 3 月 11 日接受委托对天堃公司 2021 年度财务报表进行审计，派出注册会计师王红、李惠作为外勤主管具体负责，审计工作于 2022 年 3 月 27 日完成。其中部分会计报表项目的重要性水平如下：

会计报表项目	重要性水平/万元	会计报表项目	重要性水平/万元
银行存款	12	长期借款	30
应收账款	30	股本	0
应收利息	8	盈余公积	0
坏账准备	0.5	主营业务收入	100
在建工程	30	主营业务成本	80
存货	70	管理费用	50
其中：库存商品	40	财务费用	15
固定资产	100	营业外支出	5
累计折旧	90		

类型一：

天堃公司在 2021 年度向其子公司以市场价格销售产品 5 000 万元，成本为 3 800 万元，天堃公司当年向其关联方的销售占到全部收入的 35%，天堃公司已在财务报表附注中进行了适当披露。

要求：

1. 注册会计师应当出具什么种类的审计报告？
2. 编写具体的审计报告。

类型二：

天堃公司 2021 年 1 月购买乙材料 4 800 万元，由于用乙材料生产的产品销售市场黯淡，天堃公司乙材料积压。该材料截至 2021 年 12 月 31 日的可变现净值为 4 758 万元，天堃公司在 2021 年未计提存货跌价准备金。这一做法虚增了 2021 年度的利润总额和资产。

要求：

1. 如果天堃公司拒绝接受调整建议，注册会计师应当出具什么种类的审计报告？
2. 编写具体的审计报告。

类型三：

2021 年 12 月 31 日，天堃公司占资产总额 40% 的存货，放置于远郊仓库。由于风沙导致仓库倒塌，存货损失尚未清理完毕，既无法估计损失，也无法实施监盘程序。

要求：

1. 如果天堃公司拒绝接受调整建议，注册会计师应当出具什么种类的审计报告？
2. 编写具体的审计报告。

类型四：

2021年3月1日，天垦公司经批准从银行取得9 600万元2年期、到期还本付息的长期借款，年利率为6%，其中的8 000万元用于建造生产厂房（2021年12月31日尚未完工），1 600万元用于补充流动资金。天垦公司对长期借款做了相应会计处理，但未计提2021年的借款利息。注册会计师王红提出了相应的审计调整建议。

要求：

1. 如果天垦公司拒绝接受调整建议，注册会计师应当出具什么种类的审计报告？
2. 编写具体的审计报告。